THÈSE

POUR LE DOCTORAT

DE LA PUBLICITÉ

CONCERNANT

L'ÉTAT & LA CAPACITÉ

DES PERSONNES

THÈSE POUR LE DOCTORAT

Présentée et soutenue le 18 décembre 1900, à 2 heures 1/2

PAR

R. CHANOINE DAVRANCHES

Président : M. MASSIGLI.

Suffragants { MM. BOISTEL, Léon MICHEL, } *Professeurs.*

PARIS

LIBRAIRIE NOUVELLE DE DROIT & DE JURISPRUDENCE

ARTHUR ROUSSEAU, ÉDITEUR

14, RUE SOUFFLOT, ET RUE TOULLIER, 13

1900

DE LA PUBLICITE

CONCERNANT

L'ÉTAT & LA CAPACITÉ

DES PERSONNES

THÈSE POUR LE DOCTORAT

L'acte public sur les Matières ci-après sera soutenu le
Mardi **18 Décembre 1900**, à **2 heures 1/2**

PAR

R. CHANOINE DAVRANCHES

Président : M. MASSIGLI.

Suffragants { MM. BOISTEL,
Léon MICHEL, } *Professeurs.*

PARIS

LIBRAIRIE NOUVELLE DE DROIT & DE JURISPRUDENCE

ARTHUR ROUSSEAU, ÉDITEUR

14, RUE SOUFFLOT, ET RUE TOULLIER, 13

1900

BIBLIOGRAPHIE

D'Albiousse. *Casier d'Etat civil, Revue pratique*, t. IX, 1860. — *Casier des objets divers, Revue pratique*, t. XIII, 1862.

Astrié-Rolland. *Rapport sur le livret civil de M. Barrau, notaire à Foix, Recueil de l'Académie de législation de Toulouse*, t. XXIX, p. 462.

Beaune. *Droit coutumier français.* — *Condition des personnes*, 1882.

Berriat-Saint-Prix. *Recherches sur la législation et la tenue des actes de l'état civil depuis les Romains jusqu'à nos jours.* — *Œuvres*, 2ᵉ édition, 1842.

Bourgeois. *De l'interdiction judiciaire*, Thèse pour le Doctorat, Paris, 1897.

Brunet *Rapport sommaire à la Chambre des députés sur la proposition de loi de M. Chassaing, tendant à compléter la rédaction des actes de l'état civil.* — *Annexe à la séance du 23 janvier 1896*, n° 1749.

Casier de l'Etat civil (Le). *Revue pratique du Droit français*, 10ᵉ livraison, 15 mai 1860.

Charmont. *Revue critique*, 1893, p. 468.

Cocat. *De la publicité en matière d'état et de capacité des personnes.* — *Organisation d'un casier civil.* Thèse pour le Doctorat, Grenoble, 1898.

Danty. *Traité de la preuve par témoins en matière civile*, Paris, 1715.

Doublet. *Etudes sur la centralisation des actes de l'état civil.* — *Le Droit*, n° du 27 octobre 1860.

Egger. *Communication sur les institutions qui représentaient à Athènes nos registres de l'état civil. Journal des Economistes*, juillet 1861. — *Observations historiques sur les formalités de l'état civil chez les Athéniens.* — *Mémoires d'histoire ancienne et de philologie*, Paris, 1863.

Ganivet. *Rapport sur la proposition de loi présentée par M. Morel* *et relative à la création d'un casier civil.* Annexe à la séance de la Chambre du 17 février 1887, n° 1543.

Haussoullier. *La Vie municipale en Attique. — Essai sur l'organisation des dèmes au IV° siècle. — Bibliothèque des Ecoles françaises d'Athènes et de Rome*, t. XXXVIII.

Hottenger. *De la publicité appliquée aux éléments de la personnalité juridique.* Thèse pour le Doctorat, 1894.

Lansel. *Le nom en droit civil*, Lausanne, 1892.

Lallier. *De la propriété des noms et titres*, Paris, 1890.

Legrand. *De la publicité concernant l'état et la capacité des personnes (Le Casier civil).* Thèse pour le Doctorat, Paris, 1900.

Leloir. *De quelques mentions à faire en marge des actes de l'état civil. — Impôts perçus en matière d'état civil. France judiciaire,* 1897, part. I, p. 7.

Lesmaris. *Etude sur la publicité de l'état des personnes.* Thèse pour le Doctorat, Paris, 1899.

Levivier. *Etude des moyens les plus propres à assurer la sécurité des transactions et notamment des transactions immobilières.* Thèse pour le Doctorat, Paris, 1897.

D' Loir. *Du service des actes de naissance en France et a l'étranger. — Nécessité d'améliorer ce service,* Paris, 1846. *— De l'exécution de l'art. 55 du Code civil relatif à la constatation des naissances,* Paris, 1846. *— Mémoire sur la centralisation des actes de l'état civil au domicile d'origine. — Recueil de l'Académie des Sciences morales et politiques,* t. XXXVIII, 1856. *— Nouveau mémoire. — Même recueil,* t. LXIII, 1863. *— Centralisation des actes de l'état civil. — Bulletins ou tableaux complémentaires d'état civil ou de filiation. Revue pratique,* t. XV et XVI, 1864.

Michelin. *Proposition de loi ayant pour objet la publicité du mariage.* Annexe à la séance de la Chambre du 22 janvier 1894, n° 294.

Morel. *Proposition de loi sur l'obligation d'un casier civil.* Annexe à la séance de la Chambre du 5 février 1887, n° 1514.

Paulmier. *Proposition de loi ayant pour objet de compléter les art. 78 et 98 du Code civil.* Annexe à la séance de la Chambre du 21 mars 1893, n° 2658.

R. Petiet. *Publicité en matière d'état et d'incapacité des personnes. Revue critique,* t. XVI, nouv. sér., 1887.

Rameau. *De quelques modifications dans la tenue des registres de l'état civil. Gazette des Tribunaux*, 4 et 5 avril 1860.

Thaller. *Des faillites en droit comparé.*

Theureau. *Les casiers judiciaires et un projet de casiers civils*, Paris, 1892. — *A fait l'objet d'un rapport de M. Bérenger à l'Académie des Sciences morales et politiques. (V. Recueil de l'Académie*, t. CXXXVII, 1892, et les observations au cours de la discussion faites notamment par MM. Block, de Franqueville, Glasson.

Viollet. *Histoire du droit français*, 1893.

INTRODUCTION

S'il existe entre les hommes des liens nécessaires de solidarité et de fraternité dérivant des obligations de la vie sociale, les individus ont à faire valoir les uns vis-à-vis des autres des droits qui leur sont propres et dont l'exercice exige de la part de ceux qui les possèdent, une prudence et une circonspection de tous les instants. Comme ils ont à veiller sur des intérêts qui leur sont chers et qui seront, après eux, ceux de leurs enfants, il leur importe au premier degré de ne pas se fier à des apparences qui peuvent être menteuses, mais de s'éclairer sur les questions si graves de la capacité civile et du crédit des tiers.

Il est aisé d'apercevoir l'utilité qu'on peut avoir à connaître la situation exacte des personnes avec lesquelles on se propose d'entrer en relations, et de se rendre compte, suivant l'heureuse expression de M. Capitant, dans son *Introduction à l'Étude du Droit civil*, de ce « faisceau de liens plus ou moins forts, » plus ou moins étroits qui unissent l'homme à un » certain nombre de ses semblables, et qui fixent la » situation qu'il occupe dans le milieu social ».

Cet intérêt se manifeste au grand jour dans de nombreuses circonstances. Les incapacités dérivent en effet de sources très diverses : les unes découlent d'une idée de protection, qu'il s'agisse de mineurs, auxquels leur inexpérience naturelle et un incomplet développement des facultés de l'intelligence interdisent certains actes, quand ils n'ont pas rempli les formalités précisées par le législateur ; qu'il s'agisse de la femme mariée, incapable aussi de faire certains actes juridiques sans l'autorisation de son mari ou celle de la justice ; qu'il s'agisse enfin de personnes ne pouvant, à raison du trouble constaté de leurs facultés mentales, se conduire dans la vie, ou diriger raisonnablement l'administration de leur fortune, interdits, pourvus d'un conseil judiciaire, internés dans des asiles spéciaux. D'autres incapacités ont leur source dans une cause d'indignité : à cette idée se rattacheront les incapacités provenant de la déchéance de la puissance paternelle. de la dégradation civique, de l'interdiction légale, l'incapacité de donner et de recevoir à titre gratuit, autrement que pour cause d'aliments.

Toutefois, en reconnaissant la nécessité de ces incapacités, la loi a dû se préoccuper de donner à ses dispositions une sanction efficace : elle a donc créé le système des nullités, c'est-à-dire qu'elle a pris les mesures nécessaires pour briser les volontés rebelles, en décrétant l'inefficacité des actes faits à l'encontre de ses prescriptions.

Mais d'un inconvénient l'on tombe dans un autre : l'incapacité n'est pas nécessairement connue : elle peut être dissimulée ; les tiers peuvent l'ignorer. Et cependant si l'interdit, si le mineur, si la femme mariée se prévalent de leur incapacité, le juge devra, dans certains cas, déclarer au profit d'un fraudeur la nullité d'un acte fait par un tiers de bonne foi.

Donc, inconvénients pour les tiers et, d'une façon générale, pour le crédit public, pour le commerce et pour l'industrie ; difficultés et gêne pour les relations : on ne traitera plus qu'avec une timidité et un excès de réserve préjudiciables à la multiplication des transactions.

Où est le remède ? Nous avons cru le trouver dans *l'objet de l'étude* que nous abordons : il faut que les situations d'où proviennent ces incapacités diverses soient connues, que la preuve puisse en être faite aussi bien dans l'intérêt des tiers que dans celui des incapables. Il faut rendre impossibles des faits comme celui que rapporte M. Theureau dans sa remarquable étude sur *Les casiers judiciaires et un projet de casiers civils.* Un épicier vend à une femme mariée des fournitures ; il assigne en paiement les deux époux : tous deux font défaut ; le tribunal, qui n'est pas à même de savoir qu'ils sont séparés de biens, met hors de cause la femme et condamne le mari à payer la dette de fournitures. Celui-ci fait alors opposition et prouve qu'il est séparé de biens, qu'il ne

doit rien et que sa femme seule est obligée. Le vendeur se retourne contre elle, mais la femme lui répond
par l'exception de la chose jugée. Voilà donc un
vendeur de bonne foi qui a loyalement exécuté son
obligation et ne peut se faire payer ; il a tout perdu,
sa chose et son prix.

Cela ne se produirait pas, si une publicité bien
organisée faisait connaître ces inconvénients, pour le
grand bien de tous. Nous disons « de tous », car cette
publicité est utile et même nécessaire, non seulement
pour les tiers qui, à son défaut, sont dupes de leur
propre bonne foi, mais pour ceux mêmes dont l'incapacité est douteuse et qui, faute d'en faire facilement
la preuve, trouvent malaisément à traiter avec des
gens hésitants qui soupçonnent un terrain dangereux.

Ajoutons que cette publicité n'est pas seulement
désirable au point de vue d'un intérêt pécuniaire, elle
l'est au point de vue moral : toute famille aime à
connaître sa propre généalogie, l'intégrité de son nom
qu'elle met sa gloire à conserver. Combien plus facilement n'y arrivera-t-on pas, dans l'état de désagrégation où elle se trouve, par cette publicité que nous
voudrions voir établir !

Dans les temps anciens, les familles vivaient sur la
même terre, réunies en groupes où la communauté de
vie était la conséquence logique de la communauté
d'origine. Les traditions étaient gardées ; la famille
s'attachait au sol qu'elle considérait comme sa pro-

priété collective. Le crédit était peu développé, les transactions étaient rares et se faisaient par l'intermédiaire du chef de famille. La possession d'état était suffisante pour renseigner les tiers sur la capacité des personnes. Point n'était besoin en ces temps reculés, de constater officiellement une incapacité et d'en fournir la preuve ; on était pleinement renseigné sur ce qu'aujourd'hui nous appelons l'état civil.

Plus tard, les grandes cités se sont formées, avec leurs immenses agglomérations d'habitants ; les relations ont perdu leur caractère familial, sont devenues plus nombreuses. Mais, en même temps, elles devenaient plus individuelles, et il a fallu être fixé sur l'état des personnes, d'où la nécessité d'une constatation.

Puis, le temps marche, les familles se séparent, leurs membres se disséminent à la recherche d'intérêts divers, le commerce devient de plus en plus actif ; avec les progrès de la civilisation il prend un essor considérable. Chacun cherche à s'enrichir.

Comment traiter avec des inconnus ? Dans la fièvre des affaires, on n'a pas le temps de prendre des renseignements suffisants, longs le plus souvent à obtenir, sur l'honorabilité, sur les antécédents, sur l'état des personnes en face desquelles on se trouve.

Qu'arrive-t-il ? Qu'on est à la merci du premier venu qui, s'il est adroit et malhonnête, nous fraude, puisque les principaux actes de sa vie seront le plus souvent impossibles à reconstituer, faute de concentration.

Prenons un exemple : j'ai à traiter avec un individu que je ne connais pas ; le cas est fréquent. Que faire en pratique pour me renseigner sur lui ? Je puis lui demander la date et le lieu de sa naissance. Je trouverai sur les registres de l'état civil quelques mentions, rendues nécessaires par des lois récentes : par exemple, je saurai que cet individu est interdit ou qu'il lui a été nommé un conseil judiciaire (loi du 16 mars 1893) ; je pourrai voir s'il est marié, par la mention marginale faite conformément à la loi du 17 août 1897. Mais je ne saurai pas les conditions de son contrat de mariage ; de là des erreurs qui pourront m'être fort préjudiciables.

Ces mentions sont importantes ; une trace en restera, nous le concédons. Mais, combien d'autres actes sont importants aussi, dont on n'a pas moyen de se rendre compte.

En voici des exemples :

Une succession est ouverte ; l'héritier — qui l'est peut être à son insu — se croit primé par les parents. Il n'est pas avisé de la mort du *de cujus* et ne prend pas possession d'un patrimoine qui lui appartient.

Une séparation de corps est prononcée entre deux époux ; l'un d'eux meurt, l'autre ignore ce décès, ou bien n'en connaît pas le lieu : il sera dans l'impossibilité de se remarier, parce qu'il ne pourra pas fournir un extrait de l'état civil.

Un individu, marié déjà, se présente dans une famille,

cachant avec soin sa situation véritable et se disant célibataire. Il parvient à s'y marier ; un officier de l'état civil consacre pour lui une seconde union sans se douter de la fraude. Plus tard, on découvrira sa première union et l'on ira en justice : le second mariage sera annulé, mais ne sera-t-il pas trop tard et le mal ne sera-t-il pas fait ?

« Des époux dissimulant leurs conventions matri-
« moniales se déclareront mariés sous tel régime favo-
« rable aux tiers, et le contrat passé, exciperont pour
« se soustraire à son exécution, des clauses prohibi-
« tives de leurs conventions matrimoniales » (1).

Que conclure de ces exemples, sinon que le devoir du législateur est de prévenir pour l'avenir la multiplication de ces duperies ?

Pour y arriver, il est un moyen, nous l'avons dit : prescrire une publicité rationnelle de l'état des personnes, publicité effective et puissante, mettant largement en lumière les faits que chacun a intérêt à connaître, publicité qui s'exercera dans un double but : donner à chacun le moyen de prouver sa propre situation, et en même temps fournir à chacun la possibilité de connaître d'une façon sûre et indiscutable l'état des tiers.

Tel est, pensons-nous, le devoir du législateur. Est-ce à dire que les formalités de publicité devront être

____

(1) V. Lesmaris, *Étude sur la publicité de l'état des personnes* (Thèse pour e doctorat, Paris, 1899, p. 9).

1

observées à peine de nullité ? Que la publicité n'aura pas seulement pour but de constater les changements dans la capacité civile des personnes et de les rendre sensibles aux yeux des intéressés, mais aussi que les formalités légales devront être considérées comme nécessaires pour l'établissement de la preuve ? En un mot, est-ce à dire que dans leurs rapports avec l'état des individus, les règles légales de la publicité devront être gardées non-seulement *ad probationem*, mais aussi et surtout *ad solemnitatem* ? Non vraiment, ce serait dépasser le but : l'état des personnes ne peut dépendre de l'accomplissement ou de l'omission d'une simple formalité, d'une simple inscription sur un registre, ou d'un envoi d'acte d'une municipalité à une autre, pour qu'il en soit fait mention.

Que faut-il donc faire ?

Un officier de l'état civil a été négligent, il n'a pas apposé la mention que la loi lui donnait ordre d'inscrire : l'état de la personne intéressée n'en recevra pas d'atteinte ; l'officier public n'en est pas maître, il n'en tient entre ses mains que la constatation et la preuve. Il est coupable : n'a-t-il pas manqué à son devoir ? C'est donc contre lui que l'on se retournera, c'est contre lui que la loi prononcera une peine ; et si, par sa négligence, il a causé un préjudice, il le réparera en vertu de l'art. 1382 qui dispose que :

« Tout fait quelconque de l'homme, qui cause à
« autrui un dommage, oblige celui par la faute duquel
« il est arrivé, à le réparer ».

L'idée de cette double pénalité prononcée contre l'officier public n'est pas nouvelle ; le législateur l'a déjà appliquée dans certains cas : dans l'art. 192 du Code pénal, par exemple, où un acte a été inscrit sur une feuille volante ; dans l'art. 857 du Code de procédure civile, relatif à la mention des rectifications en marge de l'acte réformé, et dans bien d'autres cas.

M. Cocat, dans son livre *De la publicité en matière d'état et de capacité des personnes*, a exposé en quelques mots précis la théorie de la loi sur ce point : Faire de la publicité une condition d'existence de l'état, de l'incapacité des personnes, « ce serait, dit-il, » remettre le sort d'un individu, ou tout au moins sa » situation sociale, entre les mains d'un officier public » plus ou moins coupable, plus ou moins conscien- » cieux ; ce serait en un mot rendre instable, exposer » à l'équivoque et à des menaces continuelles de » trouble, un droit que le législateur s'est efforcé au » contraire de fixer d'une façon définitive et du- » rable ».

Il y a et il doit y avoir des exceptions : la demande en séparation de biens principale et le jugement qui la prononce doivent recevoir la publicité à peine de nullité ; de même le divorce sera considéré comme nul si, dans les deux mois, la transcription du jugement n'est pas faite sur les registres ; de même encore si les prescriptions de l'article 359 du Code civil en matière de transcription de l'adoption sur les registres de l'état civil n'ont pas été observées, l'adoption ne produit pas d'effet. Mais ce sont là des cas très rares qui s'expliquent par des considérations spéciales et ne portent point atteinte à la règle générale.

Cette publicité que nous appelons de nos vœux, est-elle vraiment pratique ? Qu'elle ait des avantages, c'est un fait qu'on ne saurait discuter ; mais jusqu'à quel point ? Essayons d'en démontrer l'utilité au point de vue expérimental.

On en a tout d'abord la preuve dans la marche progressive qui a été suivie dans ce sens et qui a incontestablement amené d'utiles résultats.

En première ligne, par ordre d'importance, n'avons-nous pas le casier judiciaire, proposé en 1848, appliqué en 1850, qui concentre au greffe de l'arrondissement du lieu de naissance les condamnations de chaque individu ? On ne niera pas les avantages considérables de cette institution, et l'utilité qu'on en tire journellement.

Antérieurement, dès 1808, on avait établi les *Sommiers judiciaires* à la préfecture de police ; en 1826 avait paru une proposition de loi tendant à faire inscrire les droits d'hypothèque au bureau du lieu de la naissance. Depuis on a prescrit la réunion aux Ministères de la Guerre, de la Marine et des Affaires étrangères, des actes mortuaires des hommes qui ont péri en campagne, des Français qui sont décédés à l'étranger, etc.

Le Code civil lui-même, et surtout les lois postérieures, dans des cas de plus en plus nombreux que
nous étudierons en leur place, ne tendent-ils pas à
une coordination des actes de l'état civil permettant
de remonter logiquement et chronologiquement de
l'un à l'autre? Que faut-il voir dans ces faits, sinon la
nécessité reconnue d'arriver à une solution qui permettra aux intéressés de se rendre compte des phases
successives de la vie d'un homme et de voir sous une
forme condensée l'image exacte et ressemblante de la
personne civile ?

Nous ne nous dissimulons pas que tout le monde
n'est pas de notre avis ; il suffirait pour s'en con-
vaincre, de lire le rapport de M. Bérenger à l'Académie
des sciences morales et politiques, sur le livre de
M. Theureau : *Les casiers judiciaires et un projet de
casiers civils.* M. Bérenger trouve l'idée peu pratique,
à cause des dépenses occasionnées par les recherches
à faire et de la longueur de ces recherches elles-mêmes.
— Nous reviendrons plus tard sur ce point. — Il
pense surtout qu'une constatation officielle et publique
de tous les détails de la vie civile excède la limite de
ce qui est permis ; l'intérêt social ne justifie pas, selon
lui, des mesures aussi exorbitantes prises vis-à-vis de
l'individu au nom de la collectivité, et une société où
chacun « serait ainsi classé, étiqueté et livré aux
indiscrétions des tiers », n'offrirait pas aux citoyens
ce degré de tranquillité et de sécurité qu'ils sont,
après tout, en droit d'exiger.

Cette opinion nous paraît excessive et pour notre part nous ne trouvons pas si « exorbitant » que la société mette ses membres à même de se bien connaître entre eux. Il est vrai qu'on a soutenu que les indications exigées pour la rédaction des actes de l'état civil sont suffisantes, et que les registres sont publics ; c'est vrai dans une certaine mesure, mais il manque le lien entre ces divers actes : leurs mentions ne conduisent pas au résultat cherché, si l'on ne peut pas remonter de l'un à l'autre. On n'a sur l'individu qu'un renseignement isolé, dépourvu parfois d'utilité, et le plus souvent de portée pratique. Le registre, tout public qu'il est, est local, et si ses énonciations ne sont pas rattachées à d'autres mentions concernant le même individu et renfermées dans des registres différents, bien peu de personnes en pourront profiter : on ne meurt pas nécessairement dans la ville où l'on est né, où l'on est marié, où se sont passés les principaux actes de la vie civile.

Nous avons prononcé tout à l'heure le nom du casier judiciaire, et nous en avons constaté l'indiscutable utilité. Ne semble-t-il pas qu'un casier civil rendrait des services au moins équivalents ? Le casier judiciaire n'a de raison d'être que pendant la vie du condamné ; lui mort, disparaît l'intérêt qu'on a à connaître le nombre et la gravité des peines qu'il a encourues.

Il n'en est pas de même pour le casier civil ; souvent le besoin de renseignements survit au décès : un jeune homme va se marier, il a besoin du consentement de ses parents; ils sont morts et il ne sait pas où. Il ne peut pas fournir un extrait de leur acte de décès, et cependant de graves intérêts sont en jeu.

Avec un casier civil précis et complet, un tel inconvénient n'existera pas.

Pour nous résumer, le système d'une publicité par la voie de ce que nous appelons le « Casier civil », quitte à définir ultérieurement comment nous en comprenons l'application pratique, a deux sortes d'avantages :

1° Des avantages matériels, car nous serons prémunis contre l'effet des nullités dites protectrices qui frappent les contrats passés sans les formalités exigées et les autorisations requises.

En matière de succession, par exemple, on n'aurait plus de doute sur l'existence d'un héritier; on serait sûr qu'il est vivant par le défaut de mention de son décès en marge de son acte de naissance ; on connaîtrait son domicile par la mention de son mariage. — (On pourrait d'ailleurs faire rentrer les droits successoraux dans la série des avantages que nous allons aborder).

2° Notre publicité conduit à des avantages d'intérêt moral : la justification du degré de parenté qui relie un individu à un autre se ferait aisément, on n'aurait qu'à remonter de naissance en naissance et de chaque côté de l'échelle à l'auteur commun ; les questions de généalogie ne seraient plus qu'un jeu.

En matière de mariage, le crime de bigamie serait rendu impossible. Une femme ne pourrait plus présenter son enfant comme issu des œuvres de son mari, quand celui-ci est mort depuis longtemps. Les déclarations frauduleuses seraient de moins en moins nombreuses. Les déclarations d'absence seraient aussi moins fréquentes, puisque immédiatement on aurait la justification du décès jusqu'alors ignoré.

On pourrait même dire qu'au point de vue administratif ce système présenterait un côté pratique : on n'appellerait plus à tirer au sort et l'on ne déclarerait plus insoumis, ce qui s'est fait quelquefois, des jeunes gens décédés depuis plusieurs années.

Tout cela est suffisant pour conduire à la généralisation d'un système de casier civil.

Reste à savoir dans quelles proportions la publicité nécessaire sera possible et dans quelles limites elle devra être renfermée. Quel sera surtout le moyen pratique de mettre en œuvre cette publicité ? Sera-ce notre casier civil ? Sera-ce une publicité provenant d'annonces verbales ou d'affiches ? Quel procédé permettra d'obtenir *en fait* les meilleurs résultats ?

L'étude que nous abordons va nous mettre à même de nous prononcer sur ces questions.

Après une courte recherche sur les précédents historiques relatifs aux institutions d'où sont sorties les lois qui nous régissent, nous aborderons l'étude du Code civil et des lois postérieures qui l'ont successivement complété. Nous dirons quelques mots sur la tutelle et la faillite en droit comparé, principalement au regard de la France et de l'Allemagne, et nous terminerons, après une rapide étude des divers systèmes qui ont été proposés pour la réalisation pratique du but que nous poursuivons, par l'exposé de la solution que nous jugeons la meilleure et la plus efficace.

CHAPITRE PREMIER

LES PRÉCÉDENTS HISTORIQUES

PREMIÈRE SECTION

Les législations antiques.

Y a-t-il eu, dans les premiers âges du monde, une institution rappelant de près ou de loin nos registres de l'état civil ? Evidemment non : cette institution aurait été inutile avec le genre de vie que menaient les peuples anciens, vie purement familiale, où les agglomérations des personnes ne formaient en définitive que des groupes restreints. Tous se rencontraient journellement et chacun était facilement et de façon certaine, fixé sur les faits qu'il avait besoin de connaître. On le comprend aisément, les transactions étaient rares, le commerce à peu près nul ; la vie se passait tout entière ou peu s'en faut dans les mêmes lieux ; on n'avait pas à se demander d'où venait tel individu, on n'avait pas à chercher sa capacité. On retenait facilement les évènements importants du groupe familial, naissances, mariages ou décès ; au besoin, les anniversaires en perpétuaient le souvenir.

Le nom a tout d'abord individualisé chaque membre
de la société et a servi à distinguer celui qui le portait
au milieu de ses frères ou de ses semblables, car s'il
a changé plus tard de caractère, le nom avait dans le
début une application toute personnelle ; aussi était-il
simple et variait-il avec l'individu. Plus tard, quand
la société se métamorphosera, quand les relations
s'étendront, quand les changements de résidence se
multiplieront, le besoin se fera sentir de désigner
chaque individu par un vocable qui déterminera son
origine familiale ; le nom tendra à devenir héréditaire
et patronymique. Mais le prénom restera pour fixer
d'une façon plus fidèle la physionomie de chacun, sa
personnalité ; parfois un surnom rappellera la profession, les aptitudes industrielles ou commerciales.

Il serait peut-être intéressant de passer rapidement
en revue les principales législations antiques.

Inde. — Les plus anciens monuments législatifs,
contenant des prescriptions sur ce sujet spécial, sont
les lois de Manou. On voit, dans le Livre II notamment (1), des prescriptions intéressantes :

« Que le père accomplisse ou, s'il est absent, fasse
» accomplir la cérémonie de donner un nom à l'enfant,
» le dixième ou le douzième jour après la naissance,
» ou dans un jour propice lunaire, dans un moment
» favorable, sous une étoile d'heureuse influence.

(1) Livre II, 30, 31, 32, 33.

» Par le premier des deux mots dont il se compose,
» que le nom d'un Brâhmane exprime la faveur pro-
» pice ; celui d'un Kchatria, la puissance ; celui d'un
» Vaisya, la richesse ; celui d'un Soudra, l'abjection.

« Le nom d'un Brâhmane, par son second mot, doit
« indiquer la félicité ; celui d'un guerrier, la protec-
« tion ; celui d'un marchand, la libéralité ; celui d'un
« Soudra, la dépendance.

« Que celui d'une femme soit facile à prononcer,
« doux, clair, agréable, propice, qu'il se termine par
« des voyelles longues et ressemble à des paroles de
« bénédiction ».

On voit que, contrairement à ce qui se passe chez
les peuples primitifs, le nom hindou est double. Un
progrès est donc fait ; peut-être d'ailleurs ce nom a-t-il
commencé par être simple. « Au reste », comme le
fait remarquer M. Lesmaris (1), « le nom hindou dut
« se compliquer encore davantage dans la suite,
« puisque le nom de Boudha se composait de quatre
« éléments : son nom personnel, son nom de famille,
« son nom de secte et son titre de noblesse ».

ÉGYPTE. — En principe, le nom est unique, mais il
est complété par l'indication de la filiation maternelle,
sans qu'aucune allusion soit faite à l'origine paternelle ;
ces renseignements nous viennent d'Hérodote. On y a
vu des vestiges de gynécocratie ; ce pourrait bien être

____

(1) V. LESMARIS, *Etude sur la publicité de l'état des personnes*, thèse
pour le doctorat, Paris, 1899, p. 19.

vrai car, dans deux cas pourtant similaires, la filiation maternelle produit des résultats directement opposés : les enfants issus de l'union d'une femme libre et d'un esclave sont libres ; ceux issus d'une esclave et d'un homme libre sont esclaves.

ARABIE. — A l'origine, il n'y a pas de noms de famille ; aussi, bientôt ajoutera-t-on des surnoms : on désignera un individu comme « fils de un tel »; « père de un tel », ou comme sortant de telle ville ou de telle tribu.

HÉBREUX. — Chez les juifs, le nom dérive d'une idée tout à fait différente : il a un caractère religieux, et les prophètes y attachent une importance considérable. On choisit pour l'enfant — détail assez curieux — un nom en rapport avec la destinée que l'on souhaite qu'il remplisse.

Les changements de nom sont fréquents ; il s'en produit notamment quand quelqu'un (1) « entre dans « de nouvelles fonctions, ou change en quelque sorte « de destinée ».

Pour les garçons et pour les filles, le nom n'est pas donné le même jour : à la circoncision pour les premiers, et pour les filles, au jour où elles sont sevrées. Un usage presque constant veut que la mère donne un nom à son enfant.

Le nom de « Jehovah » est l'un de ceux que l'on retrouve le plus fréquemment.

(1). V. LANSEL, *Le nom en droit civil*, Lausanne, 1892.

Il arrive souvent qu'au nom de l'individu pris en lui-même, on ajoute le nom de son père; quelquefois même on ne désigne la personne que sous le seul vocable de « fils de X... ». Quelquefois aussi le fils prend pour son propre nom celui de son père, ou d'un autre ascendant, à son choix.

Ces usages, nous semble-t-il, montrent clairement la transition qui s'est faite entre le nom individuel et le nom patronymique.

Anciens chrétiens. — Il peut y avoir quelque intérêt à faire une rapide digression sur le nom chez les anciens chrétiens. M. Lallier (1) rapporte que dans 'Eglise primitive, les convertis ne changeaient pas de nom au jour de leur baptême; quelques-uns se faisaient toutefois une véritable gloire de garder les noms déshonorants ou injurieux dont les païens les grati-fiaient dans leur haine ou leur mépris. Cependant l'Eglise encouragea assez rapidement l'usage de donner à ceux qui s'étaient nouvellement ralliés au christia-nisme des noms déjà portés par des chrétiens. Il sembla rationnel que ceux qui les présentaient au baptême — ce furent plus tard les parrains et mar-raines — et qui, au moment des persécutions, garan-tissaient la foi et la sincérité des convertis, leur donnâssent leur nom.

Nous voyons du vi^e siècle dans le Sacramentaire de Grégoire le Grand, que celui-ci voulut imposer un

______
(1) V. LALLIER, *op. cit.*

nom de saint à tout chrétien baptisé ; mais les Barbares aimaient leurs noms, et en fait ils les conservaient. Ce précepte ne fut guère observé avant le xvie siècle, mais il le fut dès lors rigoureusement, car les noms restés en usage devinrent des noms de saints.

L'Eglise — détail à noter — considère le nom de baptême comme le seul vrai, et ne mentionne les noms de famille, dans les actes ecclésiastiques, qu'à titre de moyen subsidiaire pour marquer l'individualité. Elle ne voulut pas, du moins dans les premiers temps, reconnaître l'usage des noms additionnels ou surnoms et elle en retarda le développement.

Pour comprendre qu'une simple possession d'état ait suffi à ces époques reculées, il faut faire une abstraction complète de ce qu'est notre société d'aujourd'hui, avec les développements du commerce, de l'industrie, les déplacements incessants, la désagrégation des familles, les relations fortuites d'inconnu à inconnu. D'ailleurs, cette possession d'état ne suffisait que grâce à l'étroitesse du cercle dans lequel on évoluait.

Avant d'arriver aux institutions modernes, on rencontre beaucoup d'hésitations, de tâtonnements et d'essais progressifs.

C'est ainsi qu'on voit se répandre l'usage dans les familles de conserver par écrit les événements importants qui concernent l'individu ou la collectivité.

Plus tard seulement, l'autorité publique se chargera de perpétuer la mémoire de ces événements ; car les registres privés n'appartiennent qu'à la famille, et les faits qu'ils constatent présentent un caractère d'intérêt général. On en fera ainsi profiter ceux qui ont un légitime besoin de connaître ces événements, en en confiant la relation à des personnages revêtus d'un caractère officiel.

Ce sont ces divers changements que nous allons examiner.

GRÈCE. — En Grèce, nous trouvons d'énormes progrès accomplis sur ces législations rudimentaires, grâce à une institution publique ressemblant un peu à nos registres de l'état civil.

L'organisation municipale Attique repose sur la division du pays en dèmes, c'est-à-dire en bourgs ; au IVe siècle il en existe plus de cent, grands et petits. Le dème est en réalité plutôt une association de famille qu'une réunion ayant un caractère politique. L'Assemblée se tient sur la place publique, convoquée par son premier magistrat, le démarque. Après la prestation de serment vient le vote ; l'ordre du jour est d'ailleurs réglé à l'avance et la décision de l'Assemblée, rendue sous la forme d'un décret que l'on grave sur une stèle.

Peuvent seuls faire partie de l'Assemblée les Athéniens en possession de tous leurs droits et faisant partie du dème.

L'Assemblée est souveraine dans le dème, c'est elle-même qui recrute ses membres ; les magistrats et le démarque en sont les simples représentants et non les chefs.

Être admis dans le dème, c'est acquérir le droit de cité ; pour obtenir cette faveur, il faut avoir été inscrit sur un registre spécial appelé ληξιαρχικὸν γραμματεῖον.

Ces principes, à notre avis indispensables pour la compréhension de ce qui va suivre, nous permettront d'aborder succinctement la question de l'état civil chez les Athéniens.

Nous remarquons que tout d'abord le nom est unique ; cela tient sans doute au peu d'étendue des cités. De plus, on peut choisir le nom que l'on désire : sous ce rapport, la liberté est entière, et la langue, remarquablement souple, permet aisément de recourir aux noms composés. On tend bientôt à indiquer la filiation.

Il existe des noms patronymiques, comme *Héraclides, Pisistratides ;* mais ils servent à désigner l'ensemble du clan ou de la famille.

A Athènes, on ajoute à son nom celui de son père, ainsi que ceux du γένος et du dème natal.

On a fait remarquer que fréquemment il y avait une alternance régulière dans les noms : ainsi Miltiade, vainqueur de Marathon, avait pour père et pour fils deux Grecs du nom de Cimon.

M. Egger a cherché ce qui représentait à Athènes l'établissement de nos registres de l'état civil : il en a trouvé le germe dans l'institution de la *phratrie* (1). C'était là que l'enfant né de père et de mère Athéniens recevait pour la première fois un nom.

Qu'était-ce exactement que la phratrie? M. Egger y voit une sorte d'association ou plutôt de corporation présidée par un chef qui mentionnait et conservait les actes les plus importants de la vie, c'est-à-dire les naissances, les mariages faits du consentement des parents, les décès, les naturalisations civiques, dont nous dirons un mot, la date de majorité d'âge. Pour lui, la phratrie remplissait une fonction éminemment sociale et excitait le zèle politique et religieux des Athéniens, car l'inscription sur ces registres assurait la participation au culte de la corporation ou confrérie. La phratrie avait-elle bien ce caractère social? D'autres lui ont attribué — M. Giraud, par exemple (1) — un tout autre caractère, bien plutôt de famille et de culte. Ils ont rapproché les inscriptions sur son registre de celles qui se faisaient sur les registres domestiques de Rome, registres privés qui furent longtemps la base et la preuve à peu près unique de la condition des citoyens.

Quoi qu'il en soit, l'enfant était présenté à l'assemblée de la phratrie par son père ou celui qui avait sur lui la puissance, le troisième jour de la fête des Apatouria, dans le mois de Pyanepsion qui suivait sa naissance.

(1) V. EGGER. — Communication sur les institutions qui représentaient à Athènes nos registres de l'état civil. — *Journal des Economistes*, juillet 1861.

Sur la demande du père, et après son affirmation par
serment que l'enfant était légitime, les membres de
l'assemblée votaient sur la question de savoir s'il devait
être ou non inscrit; dans le cas de l'affirmative, on lui
donnait le nom indiqué par le père et on y joignait le
nom de celui-ci.

Remarquons en passant que l'homme seul pouvait,
à l'exclusion de la femme, donner un nom à ses
enfants; il pouvait d'ailleurs également le retirer ou
le changer.

Les changements de noms étaient fréquents.

Mais l'accomplissement de ces formalités ne suffisait
pas pour assurer l'admission au dème; il fallait, quand
on avait dix-huit ans, c'est-à-dire quand on était majeur,
se présenter à l'assemblée et demander, directement
ou par intermédiaire, son inscription sur le registre.
Après une enquête sur l'âge de l'impétrant, sur sa
famille, sur l'existence du mariage de ses père et
mère, on passait au vote qui se faisait au scrutin
secret, et l'on procédait à l'inscription (λευκωμα).

Quand on était inscrit, on était citoyen, libre; on
possédait tous les droits, on n'était plus soumis à la
puissance paternelle ou tutélaire.

Il existait encore un autre registre, le « registre
civique »: c'est à lui qu'on se reportait en matière de
contributions, de service militaire; il contenait les
noms des personnes destinées à figurer sur la liste des
magistrats; celles qui y étaient inscrites étaient en
possession des droits politiques.

L'admission dans le dème et l'inscription donnaient le « démotique », c'est-à-dire le droit d'ajouter à son nom la mention du dème.

Quand les registres étaient pleins, ils étaient conservés sous scellés dans la demeure du démarque. Leur utilité était très restreinte, car par eux seuls ils n'avaient pas de force probante absolue. Voici comment on procédait pour connaître l'état d'un tiers : le nom était pour cela, un auxiliaire sérieux; nous savons en effet, qu'en plus de son nom personnel, on portait celui de son père avec la désignation du dème auquel on appartenait. On se présentait donc au dème, et, tout en se renseignant auprès du démarque, on faisait contrôler par des témoignages la sincérité des indications que la partie donnait sur elle-même.

On voit par là, comme nous le disions, combien l'utilité du registre était restreinte et contestable.

Il importait cependant de prévoir des fraudes; il était facile de faire inscrire son fils au registre du dème, si on le présentait soi-même, comme on devait le faire dans le courant de sa première année. Mais pour le fils adoptif c'était plus malaisé : il fallait parfois écarter un parent; or, cela va sans dire, ce parent réclamait; de là, des intrigues auprès du démarque, et la nécessité de gagner des témoignages favorables qu'on payait souvent au poids de l'or. La sincérité des registres devenait chose fort douteuse.

L'adoption forçait aussi à des complications, car le

nom du père adoptif devait être ajouté à celui de l'enfant; il fallait donc présenter à nouveau l'adopté à la phratrie et au dème, et cela quel que fût son âge.

Le titre de citoyen pouvait être accordé à un étranger, pour des bienfaits dont avaient profité des Athéniens ; on l'appelait δημοποίητος. Les formalités étaient les mêmes que pour le fils adoptif ; comme lui il devait se présenter à la phratrie, puis à un dème, dont le choix d'ailleurs lui était laissé.

M. Egger (1) a cru être sur la trace d'une institution intéressante pour l'époque ; en compulsant quelques textes disséminés, il a pensé que chaque Athénien devait posséder une tablette de bronze sur laquelle se trouvait inscrit son état civil ; ce serait une sorte de carte d'identité (une plaque de ce genre est au Musée britannique ; on n'y rencontre d'ailleurs aucun signe qui lui donne un caractère d'authenticité). Cette carte, suivant l'auteur, n'établissait l'identité qu'au cas où celle-ci n'était pas mise en doute ; dans l'hypothèse contraire, la preuve par témoins était admise.

Quoi qu'il en soit, on voit que, si le système suivi en Grèce était imparfait à raison du petit nombre des mentions portées sur les registres et de la facilité des fraudes, il avait cependant le caractère d'une institution stable et raisonnée offrant une publicité efficace,

____

(1) V. EGGER, *op. cit.*

et qu'on pouvait obtenir sur la filiation, le lieu d'origine, la qualité d'étranger ou de citoyen, des renseignements suffisants pour répondre aux besoins du temps.

Rome. — Nous avons sur ce qui se passa en droit romain des renseignements plus nombreux et surtout plus précis qu'en ce qui concerne la Grèce.

Rome, que le monde moderne s'est efforcé d'imiter sur ce point, s'est attachée à faire constater et à conserver dans des registres tenus par un fonctionnaire public, les évènements importants de la vie : naissances, adoptions, mariages, divorces et décès.

Mais ces mentions avaient moins pour but de constater l'état particulier des citoyens, que de fournir un dénombrement exact des habitants des pays soumis à son empire.

C'est de Servius Tullius que date la première loi sur l'état civil ; il prescrivit de déclarer les naissances des citoyens au gardien du Trésor du temple de Junon Lucine — *(professio natalis, professio apud acta,* ou *in actis),* — les décès à celui du temple de Vénus Libitine et la prise de robe virile à celui du temple de la Jeunesse (1).

On peut aisément se rendre compte du but dans lequel les Romains organisaient cette publicité ; si c'eût été, comme aujourd'hui, dans le but d'établir

(1) Denys d'Halicarnasse, Suétone, Juvénal, Julius Capitolinus, Apulée présentent à ce sujet des données intéressantes.

l'état des particuliers, ces registres auraient eu le caractère d'authenticité ; il n'en était rien, l'inscription se faisait sans solennité, sans témoins ; la preuve était reçue contre les énonciations qu'ils portaient et une enquête prescrite au cas de contradiction dans la teneur des inscriptions (1).

On avait d'ailleurs rarement recours aux registres publics pour faire preuve de la filiation, de l'âge ou de la légitimité. D'autres moyens étaient à la disposition des intéressés : la possession d'état attestée en justice par témoins présentait un moyen de preuve commode. Ajoutons que des registres privés étaient obligatoirement tenus par le *paterfamilias ;* celui-ci notait les faits principaux de sa vie et de la vie de ceux qui se trouvaient sous sa puissance ; son obligation avait une sanction légale. Leur autorité était grande et existait même au point de vue politique.

Malgré la loi, l'usage de déclarer les naissances et de les faire constater sur des registres publics semble s'être établi tardivement ; mais l'autorité religieuse y suppléa en créant une sorte de recensement des familles depuis le temps où Servius Tullius prescrivit des offrandes aux Dieux pour les divers événements de la naissance, de la majorité et du mariage.

Sous l'empire des nécessités pratiques, l'institution se perfectionna. On dressa de la déclaration un procès-

---

(1) V. Dig., L. 13, *de probationibus.*

verbal que le *tabularius publicus* conservait dans ses archives. Les intéressés pouvaient s'en faire déliver une copie que le *tabularius* revêtait de *signa* ou cachets lui donnant un caractère authentique ; sur la copie comme sur l'original était placée la date précisée par le nom des consuls au pouvoir. Mais quelle était la véritable et exacte portée de cette institution ? On ne saurait le dire avec certitude ; les renseignements font défaut. En tout cas, on peut voir là une institution se rapprochant du système de nos registres modernes, et des extraits qu'on en peut tirer.

Plus tard, Marc-Aurèle fit sur l'état civil une loi, sans portée politique, destinée seulement, comme l'enseignent certains auteurs, à rendre plus facile la justification de l'état des personnes : il prescrivit, trente jours après qu'on aurait donné un nom à son enfant, d'en déclarer la naissance au préfet du Trésor de Saturne, à Rome, à des greffiers ou *tabularii publici* institués à cet effet dans les provinces.

Il est regrettable de constater que les registres ainsi tenus n'avaient pas force probante, puisqu'il était encore permis d'offrir les preuves testimoniales sur les questions d'état. Ainsi quelques écrivains ont-ils pensé que Marc-Aurèle, comme Servius Tullius, avait poursuivi un but plus politique que civil et cherché à faciliter l'établissement des listes administratives.

Néanmoins, la publicité de l'état des personnes se trouvait par là même assez largement établie.

Le nom appelle une étude spéciale : à Rome, il a
une physionomie particulière, puisqu'à lui seul il fait
ressortir la personnalité de celui qui le porte.

En principe le nom est unique ; cependant dès les
temps très anciens, on voit des noms doubles, comme
ceux de Rhea Silvia, Titius Tatius, et les noms des
successeurs de Romulus.

Pour bien faire l'histoire du nom, il importe de distinguer la personne à laquelle il s'applique.

Pour les esclaves, tant qu'il n'y en eut qu'un petit
nombre, il fut aisé de les reconnaître et inutile de leur
donner un nom (on se contentait de dire « Esclave
« d'un tel », Lucipor, Marcipor) ; plus tard, quand les
guerres les eurent rendus plus nombreux, on leur donna
un nom particulier, en y ajoutant celui du maître
(Hermodorus, M. Tullii Ciceronis servus, ou simplement M. Tullii Ciceronis).

L'affranchi porte le *gentilicium* de son patron, c'est-
à-dire son nom de famille ; quelquefois même il prend
le prénom de celui-ci, mais il conserve son propre nom
d'esclave qui devient pour lui un *cognomen* ou surnom.

Les étrangers naturalisés prennent ordinairement le
nom et le prénom de celui auquel ils doivent le droit
de cité.

Le pérégrin est facilement reconnaissable : il a un
surnom ou *cognomen* suivi du nom de son père mis au
génitif *(Diaphones Diaphonis)* ; mais il n'a pas le droit
de porter de nom de forme romaine.

Quant au citoyen, du moins dans la dernière période de la République, il a trois noms, *tria nomina* : *prænomen*, *nomen* et *cognomen*, auxquels il ajoute l'indication de sa filiation et de sa tribu, dans les relations officielles.

1° Le *prænomen* est la partie la plus ancienne du nom et à l'origine le nom unique. Il est l'apanage du seul citoyen ; on le donnait huit ou neuf jours après la naissance. Il y en avait une trentaine officiellement admis. Les femmes et les esclaves n'y avaient pas droit.

2° Le *nomen (gentile* ou *gentilicium)* se forme d'un radical propre, auquel on ajoute une terminaison en *ius*, comme *Julius* qui vient de *Julus*. Il est commun aux membres de la *gens* ; sauf dans les cas exceptionnels, il s'écrit en toutes lettres.

3° Le *cognomen* est une sorte de nom supplémentaire ; dans les relations officielles il se place tout à la fin, après la mention de la tribu. On en a conclu qu'il devait être postérieur au fondateur de la tribu, Servius Tullius.

Vers la fin de la période républicaine, les *cognomina* se multiplient ; on en prend à la suite d'une adoption, ou *ex virtute,* c'est-à-dire après un exploit ; parfois il forme une sorte de sobriquet. Les *cognomina* ont d'ailleurs changé de nature dans la suite des temps : de personnels qu'ils étaient, ils devinrent héréditaires et servirent à distinguer, dans une même *gens*, les différentes branches (1) et même les subdivisions d'une même branche (2).

Comment se transmettaient les noms ? Le plus souvent les *tria nomina* ou du moins le *prænomen* et le *nomen* sont donnés au fils aîné ; il peut cependant recevoir un prénom et un nom différents. Les autres fils ont seulement droit à un prénom qui se rapproche de celui des parents ; quant à leur surnom, c'est fréquemment celui de la mère, ou un dérivé du *cognomen* paternel ou du *cognonem* maternel.

Et les filles ? En principe elles n'ont pas de prénom, mais un nom tiré du *gentile* paternel. Quand elles se marient avec les cérémonies de la *confarreatio*, elles prennent le nom de leur mari ou de celui qui a sur lui la puissance paternelle, puisqu'elles sont considérées comme filles de famille par rappport à lui.

On ignore ce qui se passait par les deux autres mariages (*coemptio, usus*).

Qu'était-ce exactement que la *gens* ? On croit en retrouver l'idée dans la constitution de certains peuples dont la division en tribus et la subdivision en grandes familles n'est pas en effet sans attirer l'attention. Chez les Arabes, par exemple, le fondement de la grande famille est la communauté d'origine ; on la reconnaît d'ailleurs aux vocables préfixes de « Beni » et de « Ouled ». Mais le noyau primitif n'est pas resté

(1) Ex. : Cornelii Scipiones, Cornelii Balbi, Cornelii Cossi.
(2) Ex. : Cornelii Scipiones Nasicæ.

immuable ; autour de lui, les alliances d'amitié, de
sang, d'intérêt, de confraternité d'armes, de travaux,
ont attiré des membres détachés d'autres familles.
Dès lors, il a fallu élargir le cercle de la famille commune et convenir des conditions de la vie civile, politique et religieuse. Un chef dirigera et conservera dans
des registres privés les évènements de la famille agglo-
mérée. Un recensement sera opéré de temps en temps,
accidentellement, quand on voudra connaître les forces
de la tribu entière, qui se forme de la réunion des
familles.

Cette division en grandes familles rappelle proba-
blement les *gentes* romaines.

Nous avons parlé de la possession d'état à Rome et
des registres privés et publics qu'on y tenait ; nous
avons donné sur le nom quelques explications tendant
à le faire considérer, lui aussi, comme un organe de
publicité.

Il reste quelques faits qu'il convient de ne pas laisser
dans l'ombre, ce fait par exemple que les principaux
actes étaient reçus à Rome dans des conditions de
solennité qui leur assuraient une publicité particulière.

Dans nombre d'occasions l'assemblée du peuple,
réunie en comices, prenait même part à ces actes.

Le mariage par *confarreatio* se faisait devant le
grand pontife, assisté du flamine de Jupiter et de
dix témoins ; la *coemptio* et *l'usus*, les trois ventes
nécessaires pour l'émancipation, le vote de la loi

curiate exigé au cas d'adrogation, l'inscription sur le registre du cens requise dans l'un des trois cas de l'affranchissement, recevaient des formalités extérieures une divulgation indiscutable, en rapport avec les mœurs et les exigences du temps.

M. Girard (1), dans ses *Textes de Droit romain*, rappelle aussi que, lorsque le titre de citoyen était accordé comme récompense à des soldats des troupes auxiliaires pour les services rendus à la République, ou qu'une concession de terres était faite en bloc à un groupe de soldats d'une même catégorie, une table de bronze gardait la trace de cette libéralité, qui était de plus affichée à Rome. Chaque soldat pouvait d'ailleurs prouver sa qualité de citoyen en produisant un carnet ou *diptyque*, formé de deux plaques de bronze, où était gravé un extrait de la décision.

Tels sont en peu de mots les procédés de publicité en vigueur à Rome ; avec le temps, les cérémonies solennelles devinrent de plus en plus rares ; un rescrit du prince modifia les formalités primitivement exigées pour la légitimation, l'adrogation, l'émancipation ; pour d'autres espèces d'actes comme l'adoption ou le mariage, aucune manifestation extérieure ne fut plus imposée. La loi Julia *de Adulteriis* soumit cependant la répudiation à la formalité d'une notification obligatoire d'époux à époux faite devant sept témoins, mais cette mesure demeura isolée.

___
(1) V. GIRARD, *Textes de droit romain*, p. 108, 110.

Les registres où se recevaient les déclarations disparurent peu à peu ; aussi notre droit ancien ne trouvat-il à Rome aucun aide pour l'édification de son œuvre nouvelle. Il dut la former de toutes pièces, et arriva rapidement d'ailleurs à des résultats infiniment supérieurs.

DEUXIÈME SECTION.

L'ancien droit français.

La première question qui se pose est celle de savoir si les peuples barbares qui envahirent notre pays avaient, dans la matière qui nous occupe, des institutions similaires aux nôtres. Evidemment non; ainsi les Germains n'avaient pas de lois écrites, mais des coutumes (1); ils ne vivaient pas par groupes, par agglomérations, mais isolément, libres d'eux-mêmes, affranchis de toute soumission, de tout tribut. L'espace qui entoure la demeure du Germain primitif est à lui, il en est maître et seigneur, il dispose seul du champ qu'il cultive, et s'il se lasse de ce domaine et ne veut plus l'exploiter, il l'abandonne. Chaque famille a un chef, *Karl*, qui est à la fois juge et pontife.

Avec une pareille organisation il n'est pas besoin d'actes publics et de registres.

(1) V. BEAUNE. *Droit coutumier français*, 1882.

Tous les peuples barbares font faire à la France un retour à la vie familiale antique : les familles s'isolent, se suffisent à elles-mêmes; entre elles les rapports deviennent rares.

Dans un pareil bouleversement la formation des noms subit un changement profond. Nous avons vu de quels éléments le nom se composait à Rome; en Gaule, les noms romains s'étaient peu à peu substitués aux noms celtiques que, du reste, la plupart du temps on s'était contenté de latiniser. L'invasion barbare amena un recul vers les périodes rudimentaires : au nom perfectionné et complexe en usage à Rome et dans ses provinces, succédera le nom unique à forme germanique; les noms à physionomie latine disparaissent, et l'on ne retrouve plus guère que les noms à la consonnance rude des peuples septentrionaux (1).

Le nom va subir trois transformations successives :

1° Il est d'abord unique, et s'éteint à la mort de son titulaire; l'enfant le reçoit dans les huit jours de sa naissance. Il forme comme une sorte d'étiquette descriptive du caractère de celui qui le porte; il est pittoresque, essentiellement personnel, et peut varier à l'infini, grâce à l'usage des mots composés.

2° Au nom vient s'ajouter un surnom, à raison des progrès que font les sociétés, et aussi parce que le nombre des noms est limité. A quelle époque se pro-

______

(1) Aimo, Albertus, Cono, Bernardus, Guibertus, Walterus, Alix, Bertha, Adela, Isabeau.

duit ce changement? On ne le sait trop; on voit seulement que les surnoms rappellent le plus souvent le nom du père ou du grand père; ils semblent très employés dans le ixe et le xe siècles. Remarquons d'ailleurs qu'ils ne sont faits que pour distinguer des homonymes, et que, comme les noms primitifs, ils finissent avec la personne; le nom est double, mais il reste personnel.

3° Dans la troisième période, les surnoms deviennent héréditaires; mais cette hérédité ne se développe que progressivement. Dès le ixe siècle, l'Italie adopta les noms de famille. En France, ce fut la bourgeoisie qui la première en consacra l'usage; l'habitude en fut prise ensuite dans le clergé, par les chanoines d'origine bourgeoise. Les surnoms cessèrent ainsi de représenter le nom de l'individu, pour former celui de la famille et révélèrent de la sorte la parenté et la filiation.

Il est à remarquer que le prénom est l'appellation la plus importante; dans les rapports journaliers, dans les relations officielles, c'est lui qu'on emploie. La preuve de son importance se trouve dans les états nominatifs servant de répertoires à certains registres : les prénoms y sont classés par ordre alphabétique, le nom de famille n'est considéré que comme une sorte de complément ou d'appendice. L'Eglise servit d'ailleurs puissamment d'auxiliaire pour retarder l'usage des surnoms.

Grâce à la double marque du nom et du surnom, chacun se trouvait de suite désigné comme individu et comme membre d'une famille certaine. Malheureusement ce progrès fut en partie anéanti par la liberté des changements de nom. M. Lansel, dans sa curieuse étude, sur *Le nom en droit civil*, rapporte comment les changements étaient parfois *fortuits* et provenaient d'une modification dans la prononciation ; comment aussi ils pouvaient être *volontaires*, comme dans les familles nobles où le titre passait à l'aîné. Les cadets, réduits à leur nom patronymique, prenaient un nom de seigneurie, ou le nom que leur apportait leur femme. Mais si la jurisprudence a sanctionné l'usage, pour les possesseurs de fiefs nobles, d'ajouter à leur nom patronymique celui de leur fief, il leur fallait avoir sur cette terre droit de justice.

Ces changements ne se rencontraient pas seulement dans les familles nobles : quand les roturiers acquéraient une terre, il leur arrivait d'en prendre le nom.

A leur exemple, les serfs empruntèrent leurs noms à leur terre originaire ou à la terre où ils étaient fixés ; beaucoup de roturiers devaient les leurs à leur profession, à leurs travaux, à leurs qualités physiques ou morales. Ces noms, d'abord personnels et intransmissibles, puisque chacun portait le surnom qui lui convenait, passèrent bientôt, par l'effet de l'habitude, du père à ses enfants.

Cette faculté de la transformation du nom ne s'est pas perpétuée ; au xve siècle se manifesta l'idée de la fixité du nom. On pensa qu'il ne devait pas être permis d'usurper le nom d'une famille ou d'un particulier.

Cent ans avant que les changements de noms fussent prohibés, l'autorisation du roi était déjà exigée dans certains cas, moins dans l'intérêt public que dans l'intérêt des particuliers et pour empêcher que les changements de noms ne devinssent de véritables usurpations. Aussi le roi ne concédait-il pas un nom sans conditions, mais en faisant la réserve des droits des tiers qui le portaient. A la fin du xvie siècle seulement, il fit des concessions entières et définitives, et cette fois dans un intérêt général, supérieur à l'intérêt de chacun pris en particulier.

« C'est », dit Montaigne, « un vilain usage en notre
« France d'appeler chascun par le nom de sa terre ou
« seigneurie et la chose du monde qui fait le plus
« mêler et méconnaître les races. Il y a tant de liberté
« en ces matières, que de mon temps je n'ai vu per-
« sonne eslevée par la fortune à quelque grandeur
« extraordinaire à qui on n'ait attaché incontinent des
« titres généalogiques nouveaux et ignorés de son
« père, et qu'on n'ait entée en quelque illustre tige et
« de bonne fortune ; les plus illustres familles sont
« plus idoines à falsification ».

C'est à ce propos que furent rendues les Ordonnances de 1529 (Code Michaud) et de 1555, dont nous nous occuperons plus tard.

Le nom était donc en soi, on le voit, pour la publicité, un moyen bien imparfait. Pourtant les besoins s'étaient profondément modifiés, les transactions étaient plus nombreuses, l'organisation de la société se complétait de jour en jour, le pouvoir royal se consolidait ; les cas se multipliaient où l'on reconnaissait la nécessité de savoir l'âge des citoyens, le lieu de leur naissance, l'existence de leur mariage, leur degré de parenté (1).

Il aurait fallu, pour répondre à ces besoins divers, exiger des constatations officielles offrant un caractère de stabilité et de permanence indiscutable.

Or au Moyen-Age, il n'y avait pas de registres de l'état civil : seules, les grandes familles féodales pouvaient établir leur filiation au moyen de leurs registres privés.

C'est seulement après la Réforme qu'apparurent chez nous les premiers registres publics, mais « successive- « ment, dit M. Favey, et sans prescriptions générales « de l'autorité ; nous n'avons découvert, en effet, aucune « ordonnance antérieure aux plus anciens registres ».

L'Église avait pourtant d'assez bonne heure réalisé

(1) On sait qu'en ligne directe, la parenté était un empêchement dirimant au mariage *in infinitum* et, qu'en ligne collatérale, depuis le Concile de Latran de 1215, elle en était un jusqu'au quatrième degré. L'alliance naturelle ou spirituelle, c'est-à-dire provenant du baptême, engendrait également des impossibilités entre l'enfant et les parrains et marraines.

ce besoin des constatations écrites : les premiers registres furent ceux concernant les baptêmes.

Avant l'apparition des registres des mariages, la publicité de l'union matrimoniale était assurée par la publication, ou proclamation faite trois dimanches de suite par le prêtre, après la cérémonie du mariage, qu'il était d'usage de célébrer dans le temple : « Hon-« neste chose est de les faire en l'Eglise », dit Boutillier dans le *Somme rural*.

Nombre de capitulaires ordonnèrent à peine de nullité que les mariages fussent contractés en face de l'Église. La publicité résultait de la célébration *coram populo* et d'un avertissement adressé à l'assemblée des fidèles avant la bénédiction nuptiale.

Quant aux décès, la coutume des *obits*, encore existante de nos jours surtout dans les départements du centre de la France, précéda la tenue des registres. Les *obituaires* étaient des livres où le clergé inscrivait le nom des personnes décédées *(qui obierunt)* en faisant à l'Église une libéralité et en lui demandant en retour des prières pour le repos de leur àme. Le prêtre lisait à haute voix leurs noms au prône et réclamait pour eux les supplications des fidèles. Mais les dons devinrent minimes et on en arriva à lire les dimanches et fêtes les noms des personnes décédées, moyennant une faible aumône présentée par leurs familles. Le but que l'on cherchait était une prière de reconnaissance, le but réalisé constituait une publicité des décès.

Les registres de décès proprement dits ne parurent que beaucoup plus tard.

Il semblerait qu'avec ces divers moyens, on dût arriver à une publicité pour le moins relativement efficace. Or, il est certain que malgré tout, cette publi_cité fut et demeura insuffisante. A quoi attribuer ce résultat ?

A diverses causes. Des coutumes anciennes avaient disparu : la bénédiction nuptiale ne demeurait plus nécessaire et devint seulement un pieux usage auquel on put se soustraire sans craindre la nullité du mariage ; les nombreux capitulaires qui avaient ordonné si souvent la célébration des fiançailles devant l'Église, tombèrent peu à peu en désuétude. Ce ne sont là que des exemples.

De là, le nombre toujours grandissant des mariages secrets consommés sans le consentement des parents, par crainte d'avoir à essuyer un refus.

Les plus anciens registres, dit-on, proviennent de la paroisse de Saint-Jean en Grève, à Paris, ils remontent à 1515.

Tous ces registres étaient mal tenus et irréguliers, parce que les curés les considéraient comme leur propriété personnelle et leur donnaient plutôt l'apparence de livres de comptes

Ces défauts provenaient de ce que les fonctionnaires ecclésiastiques n'étaient pas directement soumis à l'autorité civile. Celle-ci, jusqu'à l'ordonnance de 1667, n'osa pas exercer sur la tenue des registres une surveillance sérieuse. Il y eut bien des ordres donnés, mais ils restèrent à l'état de lettre morte, et même un synode de Paris, du 14 avril 1627, qui avait prescrit aux prêtres et aux parrains et marraines d'apposer leur signature aux actes de baptême, ne fut pas observé avant cette date de 1667. Les surcharges, les ratures avaient été interdites bien des fois ; elles n'en étaient pas moins fréquentes.

Ce régime devait produire des abus nombreux : certaines femmes en profitaient pour se remarier, malgré les prohibitions légales, dans l'année de la mort de leur mari.

On voit que les moyens de publicité et d'informations étaient manifestement insuffisants.

Un grand nombre d'ordonnances ont cherché à parer à ces inconvénients. Nous allons les passer en revue.

CODE MICHAUD

Au mois de janvier 1629, une ordonnance royale prescrivit aux gentilshommes « de signer du nom de « leurs familles et non de celui de leurs seigneuries », à peine de nullité des actes qu'ils passeraient.

Cette ordonnance tomba en désuétude.

ORDONNANCE DE VILLERS-COTTERETS

Cette ordonnance, enregistrée au Parlement de Paris le 6 septembre 1539, se préoccupe incidemment de

l'état civil, et principalement de la procédure à suivre
dans l'administration de la justice ; c'est uniquement
pour résoudre les questions de preuve qu'elle réglemente (art. 51-54) les obligations du clergé en ce
qui concerne la tenue de ses registres.

Tout d'abord, quant à la question des actes de décès,
on avait signalé de nombreux abus.

François Ier avait par le Concordat, maintenu le
pape Léon X dans son droit de *prévention* ; en d'autres
termes, il avait validé les nominations aux bénéfices
que le Pape avait faites, prévenant ainsi les collateurs
légitimes. Si un bénéficier décédait et que l'on se
trouvât assez éloigné des collateurs, les héritiers
demandaient au Pape de choisir parmi eux son rem-
plaçant ; c'était ce qu'on appelait « courir un bénéfice »,
ou « prendre date à Rome ». Mais la difficulté était
de prévenir Rome de la mort du *de cujus* avant que
les collateurs légitimes en fussent informés. Les héritiers ou les domestiques embaumaient donc le corps,
et faisaient tous leurs efforts pour empêcher le secret
de la mort de transpirer, avant que la nouvelle fût
parvenue au Souverain Pontife.

Pour remédier à ces abus, l'ordonnance commande
aux chapitres, collèges, monastères et curés de tenir
registres de la sépulture des bénéficiers (art. 51). Les
domestiques du bénéficier devront aussitôt après le
décès en faire déclaration aux églises, « et rapporter
« au vrai le temps dudict décès sous peine de grosse

« punition corporelle ou autre » (art. 54). Une inquisition sera ouverte sur l'époque exacte du décès (art. 55). Il est interdit à peine de confiscation de corps et de biens, de garder les cadavres des ecclésiastiques (art. 56). Les dispositions de l'ordonnance étaient applicables à une seule catégorie de personnes, les bénéficiers, mais l'utilité de la constatation du décès était si manifeste qu'en pratique cette constatation fut étendue à tous les cas.

On en arriva donc à mentionner non plus le fait des funérailles, mais le décès lui-même, bien plus utile à connaître. On lit, en effet, dans l'ordonnance :
« La déclaration fera foi et pour la preuve du temps
« de la mort, duquel temps sera fait expressément
« mention esdicts registres, et pour servir au juge-
« ment des procès où il serait question de prouver
« ledit temps de la mort, au moins quant à la
« récréance ».

Pour les actes de naissance, l'art. 52 de l'ordonnance prescrit de constater le temps et l'heure de la naissance pour toutes catégories de personnes; l'art. 53, de faire signer l'acte par un notaire et les témoins, par le curé ou le notaire des chapitres et couvents.

En vertu du même document législatif, les ecclésiastiques étaient tenus de déposer annuellement leurs registres aux greffes des bailliages et sénéchaussées. Mais ils surent se soustraire à la fois à la nécessité du dépôt et à la peine encourue pour leur désobéissance.

Ce fut seulement en 1736, comme nous le verrons, que les ordres donnés en cette matière acquirent une véritable efficacité. La communication des registres fut accordée à toutes personnes intéressées ; elle se faisait sans doute par extraits, c'est du moins ce que suppose l'ordonnance de Blois, qui semble bien refléter la législation existante.

L'Ordonnance de Villers-Cotterets constituait un grave empiètement de l'autorité civile sur l'autorité religieuse, car à supposer que l'ordonnance ne fît que consacrer des usages existants, il n'en restait pas moins acquis que ces usages devenaient, par la volonté du Roi, des obligations légales imposées au clergé par le pouvoir civil. Aussi le clergé, mécontent de l'immixtion de l'autorité royale dans une matière qu'il considérait comme purement religieuse et à propos de registres qu'il regardait comme lui appartenant, opposa-t-il aux ordres qu'il recevait une force d'inertie qu'il fut à peu près impossible de surmonter.

ÉDIT D'AMBOISE (1555)

Par cet Edit, Henri II « fait défense à toutes per-
« sonnes de changer leurs noms et armes sans avoir
« obtenu des lettres de dispense et permission, à peine
« de mille livres d'amende, d'être punis comme faus-
« saires et privés de tout degré et de tout privilège de
« noblesse » (art. 9).

On ignore quel fut exactement son cercle d'application. S'étendit-il aux roturiers ? En fait, on ne sait même pas s'il fut enregistré. En tout cas, il fut peu ou point obéi.

L'Ordonnance de Villers-Cotterets avait le grand inconvénient de laisser les mariages en dehors de ses prescriptions : il fallut bientôt se préoccuper de cette question, car le nombre des mariages clandestins augmentait rapidement.

En 1563, le Concile de Trente la réglementa. Il ordonna que le mariage fût contracté devant le propre curé de l'un des époux ou son délégué, en présence de deux ou trois témoins, à peine de nullité. Mais il ne déterminait pas le rôle du prêtre : était-il seulement témoin ou était-il appelé à prononcer l'union des époux ? Souvent on venait le surprendre en son église avec les témoins et l'on faisait dresser acte de cette formalité par un notaire. L'édit était respecté à la lettre, car il n'avait pas prescrit nettement la nécessité de la bénédiction nuptiale et de paroles sacramentelles. Mais la situation fut enfin fixée par des édits royaux (1): le prêtre dut prononcer l'union ; sa présence n'était donc pas purement passive (2).

---

(1) Sous Henri IV en 1606, sous Louis XIII par une déclaration de 1639, sous Louis XIV, en mars et en juin 1697.

(2) Dans un ordre d'idées se rapportant indirectement à notre matière, l'Ordonnance de Moulins de 1566 a restreint à cent livres, dans son art. 54, la somme au-dessus de laquelle on ne pouvait établir de preuves par déposition de témoins.

ORDONNANCE DE BLOIS

Cette ordonnance dispose ainsi : « Avons ordonné
« que nos sujets ne pourront valablement contracter
« mariage sans proclamations précédentes faites par
« trois jours de festes avec intervalle compétent, dont
« on ne pourra obtenir dispense, sinon après la pre-
« mière proclamation faite, après lesquels bans, seront

On a discuté le point suivant : l'Ordonnance s'applique-t-elle au mariage ?
La preuve testimoniale peut-elle être reçue de la célébration de ce
mariage ?

Suivant une théorie soutenue par BOICEAU (Voir à ce sujet DANTY, *Traité
de la preuve par témoins en matière civile*), au point de vue des promesses
de mariage on ne peut appliquer l'ordonnance, car le mariage est de
droit divin ; pourquoi l'assujettir à une loi profane ? D'ailleurs la question
du mariage compète au juge d'église ; or, aux yeux de l'auteur, le mariage
n'est qu'un sacrement ; par suite on ne peut pas le prouver au moyen des
énonciations d'un acte reçu par un notaire.

A ce système, on a répondu : si le mariage est d'institution divine, il
faut pour en démontrer l'existence, exiger la preuve la plus complète, la
preuve authentique. D'autre part, si le juge d'église connaît de l'existence
du lien du mariage en tant que sacrement, il ne faut pas oublier qu'à côté
se place un contrat civil, dont connaît le juge séculier. L'Ordonnance n'a
pas fait de distinctions, ce n'est pas à l'interprète à en faire. Par exception
cependant, il est des cas où la preuve testimoniale est recevable ; c'est,
par exemple, lorsqu'il n'existe pas de registres dans la paroisse, ou lorsque
le curé n'a pas délivré l'acte de la célébration du mariage.

On s'est également demandé si l'Ordonnance de Moulins s'appliquait à
la preuve des conventions matrimoniales. Certains auteurs (comme Boiceau), l'ont nié, car celles-ci ne sont que les accessoires du pacte principal,
au moins quant aux conventions passées dans l'assemblée des parents où
a été donnée la promesse de mariage ; quant aux conventions faites par
un acte séparé de celui de la célébration, elles sont, selon le même auteur,
soumises à l'application de l'Ordonnance.

La théorie adverse a répondu : l'Ordonnance ne distingue pas suivant
la nature des conventions, elle déclare d'une façon absolue que la preuve
testimoniale n'est pas recevable au-dessus de 100 livres. Il faut s'en tenir
au texte de la loi.

« épousés publiquement : et pour témoigner de la
« forme esdicts mariages y assisteront quatre témoins
« dignes de foi pour le moins, dont sera fait registre,
« le tout sous les peines portées par les conciles ». —
Article 44 : « Défendons pareillement à tout notaire,
« sous peine de punition corporelle, de passer ou
« recevoir aucunes promesses de mariages par paroles
« de présent ». L'ordonnance prescrivait de plus
de mentionner la représentation du consentement
donné par les ascendants au mariage des mineurs;
elle reprenait les dispositions du Concile de Trente,
mais à la différence de celui-ci, elle eut en France
force de loi; l'abus des mariages clandestins se trouvait
ainsi pallié ; une obligation légale incombait aux
parties de faire des publications préalables, et de célébrer religieusement le mariage en présence de témoins,
le tout à peine de nullité.

On lit dans l'article 181 : « Afin d'éviter preuve
« par témoins que l'on est souvent contraint de
« faire en justice, touchant les naissances, mariages,
« morts et enterrements de personnes, les greffiers
« seront tenus de garder soigneusement lesdits regis-
« tres pour y avoir recours et en délivrer des
« extraits aux parties qui le requéreront ». Ces registres devaient être remis aux greffiers par les membres du clergé. Les extraits étaient délivrés à toute
personne, bien qu'un système soutînt que le mot
« parties » s'appliquât aux seules personnes engagées

dans un procès impliquant la solution d'un question d'état.

On pourrait croire que l'intervention si souvent renouvelée de la royauté aurait eu des effets plus heureux qu'elle n'en avait eu antérieurement : il n'en fut rien. Le clergé continua à opposer aux ordres du Roi une indifférence et une mauvaise volonté marquées. Les registres ne furent pas mieux tenus et leur dépôt ne se fit guère d'une façon plus régulière. La faute en était peut-être aussi au rédacteur de l'ordonnance qui n'avait pas déterminé d'une façon assez nette les cas et conditions de nullité des mariages ainsi contractés.

Diverses dispositions postérieures ont complété l'ordonnance de Blois :

En 1606, le juge d'Eglise acquit le pouvoir de déclarer nul un mariage qui n'avait pas été contracté et célébré selon les prescriptions de la dernière ordonnance.

En 1639, les personnes majeures ne furent autorisées à se marier que publiquement et devant le prêtre ; la célébration devait se faire selon les dispositions de l'Ordonnance de 1579 ; sinon les enfants issus d'un mariage réputé clandestin étaient frappés d'incapacité de succéder, aussi bien eux que leur postérité.

Il faut remarquer que l'autorité du Roi se montra longtemps hésitante. On n'avait pas osé, pendant de longues années, déclarer formellement la nullité des mariages de majeurs irrégulièrement conclus. Il en fut de même en ce qui concerne les mineurs : on sait que l'Église reconnaissait la validité des unions contractées par eux sans le consentement de leurs parents, et que la loi civile appliquait le système contraire. Pendant longtemps le pouvoir temporel décréta des peines arbitraires, des exhérédations contre les contrevenants, sans oser prononcer la nullité ; il ne prit cette résolution radicale, la meilleure et la plus nette après tout, que fort tardivement.

La Cour exerça enfin un contrôle sérieux sur les agissements de l'autorité ecclésiastique, en disant : le mariage est en même temps un contrat civil et un sacrement ; il ne vaut que par la réunion de ces deux éléments, et le contrat civil n'est que la matière du sacrement ; s'il n'y a pas de contrat civil, il n'y a pas non plus de sacrement, donc, plus de mariage. Aussi l'Etat peut-il légiférer sur les unions et les soumettre, à peine de nullité, aux conditions de forme et de fond qu'il juge nécessaires à l'ordre public. D'ailleurs l'intervention des officiers de l'Église, en tant qu'elle dépasse la pure administration du sacrement, est une concession de l'Etat et reste soumise à la surveillance des juges laïques, qui s'exerce notamment par la voie de « l'appel comme d'abus » au Parlement.

Il en est de même pour la juridiction des officialités.

L'État en un mot, partait de cette idée que le contrat civil préexistait au sacrement.

Mais on n'arriva que progressivement et lentement à ce résultat important, et on ne l'atteignit guère avant la fin du xviie siècle.

ORDONNANCE DE ST-GERMAIN-EN-LAYE

Cette ordonnance, datée de 1667, rappelle une fois de plus les principes déjà posés par les ordonnances précédentes ; elle introduit cependant un fait nouveau dans la législation : la première, elle s'occupe de la force probante accordée aux extraits des registres, ainsi que de leur délivrance.

Au titre XX, article 9, on trouve renouvelées les dispositions antérieures : Dans l'acte de baptême « sera « fait mention du jour de la naissance et seront nom- « mez l'enfant, le père et la mère, le parrain et la mar- « raine ». Dans les actes de mariage « seront mis les « noms et surnoms, âges, qualités et demeures de ceux « qui se marient, s'ils sont enfants de famille, en « tutelle, curatelle ou puissance d'autrui, et y assis- « teront quatre témoins qui déclareront sur le registre « s'ils sont parents, de quel côté et au quel degré ». — « Dans les articles des sépultures sera fait mention du jour du décès ».

Les curés doivent, dans les six semaines qui suivent la fin de chaque année, déposer non plus les registres eux-mêmes, mais une copie ou grosse de ces registres. L'avantage de cette mesure est, pour les extraits qui remontent plus haut que l'année courante, de les faire

obtenir moins malaisément, puisqu'on n'est pas obligé
d'aller les prendre à un greffe quelquefois éloigné,
mais qu'on les trouve au presbytère de la paroisse où
l'acte a été passé. C'est l'article 12 du titre XX, qui
règle cette situation : « Après la remise du registre
« au greffe, il sera au choix des parties d'y lever les
« extraits dont ils auraient besoin, signez et expédiez
« par le greffier, ou de les compulser entre les mains
« des curés ou vicaires, et y sera fait mention
« du jour de l'expédition et délivrance à peine de
« nullité ».

L'art. 7 du même titre ajoute : « Les preuves de
« l'âge, du mariage et du temps du décès seront reçues
« par registres en bonne forme, qui feront foi et preuve
« en justice ».

Il fallait aussi prévoir le cas où les registres seraient
égarés, et celui où le curé n'en aurait tenu aucun ; c'est
l'objet de l'art. 14 : « Si les registres sont perdus ou
« qu'il n'y en ait jamais eu, la preuve en est reçue
« tant par titres que par témoins, et en l'un et l'autre
« cas les baptêmes, mariages et sépultures pourront
« être démontrés tant par les registres ou papiers do-
« mestiques des père et mère décédés que par les
« témoins ; la preuve contraire restera toujours pos-
« sible ».

Les parties peuvent forcer le dépositaire des registres
à leur délivrer des extraits, et l'art. 18 dit à ce sujet :
« Permettons à toutes personnes qui auront besoin des

« actes des baptêmes, des mariages, des sépultures,
« tonsures, ordres, vêtures, noviciats ou professions,
« de faire *compulser* tous les registres entre les mains
« des dépositaires, lesquels seront tenus de les repré-
« senter pour en être pris des extraits, et à ce faire
« contraints nonobstant tous privilèges et usages con-
« traires à peine de saisie de leur temporel et de pri-
« vation de leurs droits, exemptions et privilèges à eux
« accordés par Nous et Nos Prédécesseurs ».

Si le dépositaire se refuse à délivrer les extraits, la procédure employée sera celle du *compulsoire*. Après un acte de sommation adressé par le requérant au dépositaire pour le forcer à représenter les registres, si ce dernier persiste dans son mauvais vouloir, l'huissier dresse un procès-verbal ; à ce procès-verbal est jointe une sommation ainsi qu'une requête adressée au juge ; celui-ci peut faire saisir le temporel du récalcitrant, quel qu'il soit, notaire, greffier, prêtre, même s'il n'est revêtu d'aucun caractère public. « La partie poursui-
« vante obtient des lettres de la Chancellerie ou une
« ordonnance sur pied de requête du juge du lieu où
« réside le détenteur » ; si le détenteur est fonction-
naire public, il sera contraint à livrer un extrait avec sa signature ; au cas contraire, il devra montrer la pièce au juge qui en fera dresser un extrait, et le signera, lui ou le commissaire qu'il aura désigné. Ces lettres ou ordonnances seront signifiées au seul détenteur des pièces, mais l'extrait devra être pris toutes

parties présentes ou dûment appelées. Les extraits délivrés en vertu de la procédure du compulsoire, font seuls pleine foi en justice, c'est-à-dire jusqu'à inscription de faux. Quant aux extraits délivrés par les greffiers, ils suffisent pleinement dans la pratique, mais la preuve contraire demeure recevable.

En résumé, l'ordonnance de 1667 confirme le principe posé par celle de 1539, c'est-à-dire que les registres font foi, même quant aux mariages ; de plus elle établit plusieurs règles :

1º Les actes de baptême et de sépulture mentionneront le jour de la naissance et celui du décès ;

2º La présence de deux témoins au moins est nécessaire pour tous les actes ; pour les actes de mariage, il en faut quatre, et l'on doit même en ajouter si les époux sont enfants de famille ou mineurs ;

3º Les actes sont écrits de suite, sans blanc, et signés par les personnes qui y auront assisté et qui sauront signer ;

4º Il sera tenu deux registres paraphés par le juge royal ; l'un d'eux servira de grosse et sera déposé chaque année à son greffe.

Lamoignon, à propos de l'exécution de cette dernière disposition, exprima des craintes qui se trouvèrent justifiées. En 1691 furent créés des greffiers à seule fin de recueillir et de conserver les grosses des registres. On nomma même, pour les surveiller, des contrôleurs en 1705 ; en décembre 1716, tous ces

officiers furent supprimés par un édit, « n'étant pas
« d'un plus grand effet pour l'exacte exécution de
« l'ordonnance de 1667, à laquelle il a été suffisam-
« ment pourvu » (1).

Mais il ne faudrait pas croire que l'autorité judiciaire se désintéressât entièrement de la question : un
arrêt fut rendu à ce sujet en 1663 ; de plus, le
16 décembre 1684, le lieutenant civil Lecamus enjoi-
gnit par ordonnance au curé de Saint-Côme, d'observer les lois dans le terme des registres « à peine,
« disait-il, de faire droit aux réquisitions du Procu-
« reur du Roi ».

Enfin vint, le 9 avril 1736, la dernière déclaration
importante dans cet ordre d'idées, et même peut-être
la plus importante de toutes ; elle est due à l'initiative
de d'Aguesseau.

DÉCLARATION DE 1736

C'est le monument législatif prépondérant en cette
matière, car il sut se faire obéir ; aussi eut-il une
influence décisive sur la théorie comme sur la pratique. Rien de nouveau quant à la publicité de l'état
civil ; c'est une réédition des dispositions antérieures ;
l'article 23 de la déclaration remplace seulement les
anciens mots « toutes personnes qui en auront besoin »

____

(1) Cf. Bornier, *Conférence des Ordonnances de Louis XIV avec les
anciennes Ordonnances du Royaume*, Paris, 1754, t. I, p. 157.

(sur la question de savoir qui pourra employer la
procédure du compulsoire) par : « toutes personnes
« qui auront droit de lever les actes ». Cette modification, en apparence légère, souleva une vive discussion.
Il s'agissait de savoir si les deux expressions employées
étaient ou non équivalentes ; les uns, comme Rodier,
penchaient pour l'affirmative, disant que le droit de
lever un acte compète à celui qui en a besoin ; les
autres (1) soutenaient que l'intérêt seul ne suffisait
pas, et qu'il fallait, pour avoir le droit de contraindre
les dépositaires à délivrer un extrait, avoir été partie
dans l'acte, ou être le représentant de l'une des parties,
ou encore avoir usé de la procédure du compulsoire.

Mais l'innovation vraiment importante porte sur la
réglementation même des registres : désormais il y
aura *deux* registres originaux paraphés par le juge
royal, l'un d'eux seulement sera chaque année déposé
à son greffe. Il y a ainsi deux registres originaux dont
le curé et le greffier, chacun de son côté, peuvent
donner des extraits. La taxe de « cinq sols » qu'antérieurement pouvait percevoir le détenteur ne fut
conservée (art. 19) que pour les extraits délivrés dans
les bourgs et villages ; dans les villes de parlement,
d'évêché, ou de siège présidial, cette rétribution fut
portée à « dix sols », et à « huit sols » dans les autres
villes. Réclamer davantage c'était se rendre coupable

(1) V. Serpillon, *Code civil ou Commentaire sur l'Ordonnance du mois
d'avril 1667*, p. 334.

de concussion ; c'est cependant ce qui se produisait souvent : on faisait payer au requérant le double ou le triple de la redevance, ou bien on lui faisait acheter du papier timbré à ses frais quand le prix en eût dû être compris dans la rétribution. Aussi y eut-il des plaintes nombreuses et légitimes, et émit-on le vœu que les procureurs du Roi et les lieutenants criminels fussent appelés à exercer une active surveillance, surtout dans le cas où les curés se refusaient à mettre au bas des extraits la mention de ce qu'ils avaient reçu ; leur refus « prouve clairement, dit Serpillon, « qu'ils sentent leur faute, puisqu'ils craignent de « donner des preuves par écrit de ce qui leur a été « payé » (1).

Depuis cette ordonnance il fut plus facile d'obtenir des extraits, et ils furent délivrés plus exactement. Ils étaient signés par ceux de qui ils émanaient, curés ou greffiers, et contenaient la date de leur délivrance, ainsi que la mention du prix qu'avait payé le requérant.

A partir de 1736, le dépôt des registres se fit d'une façon plus méthodique et plus régulière, ils furent tenus avec plus de soin et de ponctualité ; on voit bien encore parfois des réflexions ou des observations personnelles se glisser au milieu des actes, mais ces incorrections deviennent de plus en plus rares.

Est-ce à dire que les ecclésiastiques se soient incli-

____

(1) V. Serpillon, *op. cit.*, p. 332, note.

nés une fois pour toutes devant l'autorité civile et se soient dépouillés de leur prétention à la juridiction religieuse? Evidemment non, au moins en ce qui touche les petites paroisses rurales.

1° Ainsi, dans la correspondance de d'Aguesseau (1), on voit que sur certains points du territoire des résistances s'élevèrent.

Le Procureur général du Parlement de Grenoble présenta, le 9 août 1773, un réquisitoire spécial et fit rendre un arrêt par le Parlement, prescrivant, sous peine de poursuites judiciaires, d'exécuter strictement la Déclaration de 1737; l'arrêt fut même imprimé et affiché.

2° Légalement, les parents qui avaient assisté à un décès devaient déclarer le nom, l'âge, les qualités du *de cujus*; or, à Paris même, on se bornait en pratique à recevoir la déclaration des employés des convois ou celles des fossoyeurs; le Châtelet rendit une sentence le 30 mars 1775 pour interdire ces irrégularités coupables.

3° Les actes de baptême devaient contenir les noms de l'enfant, de ses père et mère, de ses parrain et marraine : or beaucoup de curés inscrivaient des notes, des clauses et des énonciations différentes de celles que présentaient les déclarants ; ils donnaient même leur avis personnel sur les dires relatifs

____

(1) Correspondance : lettres du 27 janvier et du 23 mars 1738, *OEuvres*, 1819. XII, 193.

à l'état et à la famille des enfants. Louis XVI interdit cette pratique le 20 juillet 1787 ; la loi du 20 septembre 1792 et le Code civil suivirent la même voie.

Il apparaît ainsi que les ecclésiastiques ne se soumirent jamais entièrement à la loi civile.

Il nous faut, avant de terminer l'étude de cette période, citer en passant une déclaration de 1737 qui pour la première fois se préoccupa des rectifications à apporter aux actes de l'état civil. Nous l'avons dit, les curés faisaient eux-mêmes ces rectifications, sans qu'aucun texte d'ailleurs leur en conférât le droit ; au xviiie siècle, il y eut un revirement d'opinion en faveur de l'autorité civile. La déclaration de 1737 ne réglemente pas la matière, elle spécifie seulement que la rectification sera faite sur les deux registres par une mention en marge de l'acte réformé.

Pour être complet, il semble nécessaire de dire quelques mots sur les actes qui intéressent les personnes et ne rentrent pas dans les actes de naissance, de mariage et de décès.

En principe, les conventions matrimoniales ne reçoivent aucune publicité spéciale, sauf pour les marchands et banquiers, et encore uniquement dans les pays où, d'après la coutume, la communauté est de droit (1).

____

(1) Dans ce cas, les clauses du contrat de mariage dérogeant à ce régime doivent être publiées à peine de nullité, soit à l'audience de la Juridiction consulaire, soit à l'assemblée de l'Hôtel-de-ville, et affichées dans un tableau exposé en lieu public.

Cette matière est régie par l'Ordonnance de 1673, qui semble d'ailleurs avoir été peu observée.

Quant aux sentences prononçant la *séparation de biens*, elles sont, dit Pothier, publiées « en jugement, « à jour ordinaire, le juge séant », pour que le public apprenne que le droit d'administration des biens de la femme passe des mains du mari dans celles de la femme elle-même. Cette formalité n'était exigée qu'au cas où le jugement était rendu « en procès par écrit » ; quand il s'agissait d'une sentence rendue sur plaidoirie, ce mode de publication était déclaré suffisant. Pour les jugements de séparation s'appliquant à une femme de marchand ou de banquier, les formalités de publicité étaient les mêmes qu'en ce qui concerne les conventions matrimoniales.

Ajoutons que dans certains cas, les époux pouvaient obtenir la *séparation d'habitation*, c'est-à-dire être autorisés à résider séparément, le lien du mariage existant toujours. Prononcée contre le mari, elle entraînait la séparation de biens et l'administration par la femme de son patrimoine propre ; celle-ci perdait son droit d'administration quand la séparation avait été prononcée contre elle.

Si la femme séparée d'habitation retournait sous le toît conjugal, la séparation cessait, et avec elle la séparation de biens, en vertu de l'adage : *accessorium sequitur principale*.

Pour faire cesser les effets de la séparation de biens

prononcée principalement, il fallait un acte passé devant notaire, ou une déclaration au greffe, car la réconciliation n'avait par elle-même aucun caractère de nature à avertir les tiers.

La séparation de biens, comme la séparation d'habitation, fut longtemps prononcée par un juge d'église, mais comme il existait aussi dans le mariage des intérêts temporels, on tendit de plus en plus à réserver la cause au magistrat séculier.

Il ne nous reste plus qu'un cas important à examiner, c'est l'*interdiction*, qui n'était pas d'ailleurs prononcée dans tous les cas d'aliénation mentale : à certains fous, qu'ils eussent ou non des intervalles lucides, on nommait des représentants spéciaux pour des actes déterminés, pour les procès, par exemple. On pouvait aussi prononcer, soit une interdiction générale et absolue, soit une interdiction restreinte et applicable à certains actes seulement. « Ceux-ci sont absolument interdits « de toute disposition ; ceux-là ne le sont que par rapport « à l'aliénation des fonds. D'autres reçoivent un simple « conseil, sans l'avis duquel ils ne peuvent contracter. « Il y en a même qui ne sont gênés que dans un seul « genre d'action, par exemple, à qui l'on défend d'en- « treprendre aucun procès sans l'avis par écrit d'un « avocat qui leur est nommé ». Ainsi s'exprime un avocat du Parlement du xviiie siècle, Cochin. Ces mesures se rapprochent d'ailleurs de nos lois actuelles sur l'interdiction et la dation d'un conseil judiciaire.

C'étaient les tribunaux civils qui prononçaient l'interdiction.

Jusqu'en 1529, l'interdiction ne reçut aucune publicité ; on pensait que l'état de l'aliéné se révélait suffisamment par lui-même. A partir de 1529, ordre fut donné d'afficher aux greffes des juridictions ordinaires et de publier les sentences d'interdiction, à peine de nullité à l'égard des tiers. A Paris, on notifiait la sentence aux cent vingt notaires de la ville ; en dehors de son enceinte, la notification était faite uniquement au doyen des notaires du domicile de l'interdit.

On peut se rendre compte, par ce résumé rapide, combien les procédés de publicité, dans notre ancien droit, étaient incomplets et imparfaits, et surtout combien ils manquaient de cette unité qui fait la force et la valeur de toute bonne législation (1).

Terminons par quelques mots sur l'état des non catholiques en France.

De la scission qui s'était formée au xvie siècle au sein de l'église catholique, que résulta-t-il ? Les mariages, comme tous les actes de l'état civil, restaient dans les attributions des prêtres catholiques ; eux seuls tenaient les registres, eux seuls délivraient les extraits. Pour les personnes qui avaient conservé le culte catholique, rien n'était changé, puisqu'elles s'adressaient à leurs ministres.

____

(1) Nous avons sur ces divers actes, trouvé de très utiles renseignements dans le travail déjà cité de M. LESMARIS, p. 61 et s.

Mais il en était autrement pour les protestants. Le seul moyen pour eux de faire constater leur état civil et de se marier, était de s'adresser à ces mêmes prêtres, ministres en fait d'une autre religion que la leur ; d'où des difficultés sans nombre, des taquineries, des atermoiements ou des refus déguisés qui dégénéraient le plus souvent en abus.

L'Édit de Nantes permit aux protestants de suivre publiquement les rites de leur religion, sans qu'aucune entrave fût apportée à son libre exercice : les pasteurs protestants purent, à l'instar des pasteurs catholiques, avoir leurs registres et y inscrire les baptêmes, sépultures et mariages de leurs fidèles ; ils célébrèrent les mariages de leurs coreligionnaires.

Mais bientôt parut une série de mesures restrictives de cette liberté nouvelle : la révocation de l'Edit de Nantes ne fut que la plus importante ; on entra dans la voie de la persécution légale et administrative. Malgré les conversions et les émigrations qui furent nombreuses, il restait encore en France un million de protestants : leur culte était interdit ; on avait fermé leurs temples, chassé leurs ministres ; on leur avait défendu de se livrer aux cérémonies du culte. Le mariage public devant les prêtres catholiques était uniquement admis. Ceux-ci conservèrent seuls le droit de tenir des registres au détriment des ministres protestants.

Il n'y eut d'exception à cette règle que pour les

déclarations de décès : l'Edit de Révocation autorisait à les faire au juge du lieu qui les portait sur un registre à ce spécialement destiné. L'Edit du 9 avril 1736 (art. 13) ordonna d'inscrire la date exacte du décès sur un registre tenu en greffe ; les intéressés eurent toute facilité d'en obtenir des extraits. Mais cette mesure était restreinte au seul cas de décès.

Pour le reste, il ne demeurait qu'un moyen : l'abjuration feinte ; on appela « nouveaux convertis » ceux qui usèrent de cette suprême ressource. Pour gêner la réalisation de leurs projets, on institua des épreuves sur la sincérité de l'abjuration, de sorte qu'il ne resta plus que des mariages de fait, ce qu'on appelait des « mariages au désert », c'est-à-dire faits en secret, devant le ministre protestant.

On pourrait presque dire que c'était la mort civile, puisqu'il y avait pour les protestants impossibilité de contracter un mariage valable, impossibilité de faire constater leur état civil.

Le 27 novembre 1787, Malesherbes obtint pour eux du Roi Louis XVI un sort meilleur : un édit leur assura le moyen de se marier publiquement et de constater leur état civil, sans se convertir au culte catholique; il fallait pour cela se présenter au prêtre catholique (1), ou à l'officier de justice de son domicile.

____

(1) Il fallait se présenter à lui dans sa cure et non dans son église, car il inscrivait les actes comme officier public et non comme prêtre.

Pour les mariages des protestants, les curés consignaient seulement les déclarations, sans donner aucune bénédiction, ni administrer le sacrement, et ils mentionnaient le fait sur leurs registres.

L'Édit s'appliquait du reste aux Juifs aussi bien qu'aux protestants. Ce fut le premier grand pas vers le mariage civil.

TROISIÈME SECTION

Période intermédiaire

La Révolution voulut arriver à l'immutabilité du nom. A partir de la nuit du 4 août, suivant certains auteurs, au moins à partir du 23 juin 1790, de l'avis de tous, il ne fut plus possible d'acquérir de noms terriens ; ces noms furent même abolis. On en vint souvent à ne plus reprendre son nom patronymique, et l'on se contenta de supprimer la particule : de La Fayette devint ainsi Lafayette. Il n'y avait d'ailleurs pas de sanction à la loi ; à la seule condition de ne pas porter un titre nobiliaire, on pouvait travestir son nom à sa fantaisie.

Le 6 fructidor an II, une loi décida que « nul ne « pourrait à l'avenir porter d'autre nom que celui de « son père » ; cette loi réprimait à la fois les changements de noms et l'usage des noms additionnels : « Aucun citoyen (art. 1) ne pourra porter de nom

« autre que ceux imprimés dans son acte de naissance ;
« ceux qui les auraient quittés seront tenus de les
« reprendre ».

La loi du 11 germinal an XI réglemente la question
des prénoms et les formalités à suivre pour obtenir
un changement de nom : on exige une demande
motivée au Gouvernement, et la décision est rendue
en la forme prescrite pour les règlements d'administration publique.

Terminons en quelques mots tout ce qui a trait au
nom, avant de revenir à la législation de la période
intermédiaire.

Le décret du 20 juillet 1808 oblige les Juifs français
à prendre un nom patronymique (1) ; des décrets de
1811 et 1813 sont rendus dans le même sens au regard
des habitants de la Hollande et de l'Allemagne du Nord.
Il est remarquable en effet que ni les Juifs, ni les
habitants de ces provinces conquises ne connaissaient
l'emploi des noms patronymiques.

Les 23-24 mars 1882 paraît une loi sur l'état civil
des Musulmans en Algérie : comme les Juifs, ils doivent
choisir un nom patronymique ; dans chaque famille,
l'ascendant paternel le plus éloigné a le choix du nom,
à son défaut l'oncle paternel le plus âgé, à son défaut
encore le frère aîné. Si les intéressés ne se décident

---

(1) Les juifs français ou résidant en France doivent adopter un nom patronymique en dehors des noms de ville ou de l'ancien testament, et choisir
un prénom ; ils doivent le déclarer dans les trois mois, à la municipalité
de leur lieu de domicile ou de résidence.

pas, un nom est attribué par la Commission de la constitution de l'état civil.

Est-il besoin, avant de clore cette question, de dire comment se transmettent de notre temps les noms patronymiques ?

Tout porteur légitime d'un nom patronymique le passe à ses enfants. L'enfant naturel reconnu a droit au nom de celui de ses parents qui l'a reconnu, au nom des deux, si la reconnaissance émane du père et de la mère.

Quant à l'enfant dont la filiation n'est pas légalement établie, l'art. 58 du Code civil parle des « noms qui « lui seront donnés ». Qui donnera ces noms ? Pour un enfant naturel, ce sera le déclarant. Pour un enfant trouvé, une circulaire du Ministère de la Justice du 30 juin 1832 décide que l'officier de l'état civil à qui l'enfant a été remis, ou les administrateurs de l'hospice où il a été porté, choisiront son nom.

Reste l'adopté ; nous savons qu'il acquiert le nom de l'adoptant (art. 347 C. c.).

Revenons maintenant à l'évolution qu'à subie l'histoire des actes de l'état civil.

La Constituante a proclamé la liberté des cultes, la déclaration de 1787 reçoit donc son entière application et les mesures prises en faveur du mariage des protestants sont étendues à tous les Français sans distinction de culte, par la Constitution des 3-14 septembre 1791. A partir de ce moment, le mariage n'est plus un

sacrement au point de vue de la loi, c'est un contrat.
La Constituante pose d'une façon générale le principe
de la sécularisation de l'état civil et émet le vœu que
cette idée soit mise en pratique, mais elle ne peut
réaliser son projet. La Législative complète son œuvre
par un décret des 20-25 septembre 1792 : les officiers
de l'état civil sont des membres du Conseil général
de la commune, choisis par le Conseil lui-même ; le
mariage civil, — peut-être pour remplacer les solen-
nités du mariage religieux — est célébré au chef-lieu
de canton par le président de la municipalité canto-
nale, le décadi, qui est le jour de repos, mais aussi le
jour.de la fête civique. Depuis le décret du 27 Vendé-
miaire an II, les officiers de l'état civil célèbrent seuls
les mariages.

La tenue des registres passe, le 28 Pluviôse an VIII,
aux mains des adjoints de chaque commune. La
réforme était solidement assise et l'obligation restait
aux détenteurs de ces registres, d'en déposer les doubles au greffe du district et aux archives du département. Des tables annuelles et décennales furent dressées pour aider et accélérer les recherches relatives à
l'état civil.

Etant admis le caractère nouveau et purement civil
du mariage, le législateur révolutionnaire en tira des
conséquences logiques : le 20 septembre 1792 il réta-
blit le divorce, par deux lois du même jour; la première, préparée devant la législative, eut les trois

lectures; elle proclame le divorce, mais sa facture est hâtive et ses données trop sommaires. L'autre loi de même date, intitulée « spéciale sur le divorce », fut votée d'urgence, sans les trois lectures : la séparation de corps est abolie; seul, le divorce subsiste.

La loi l'admet :

1° Pour certaines causes déterminées, au nombre de sept (1);

2° Pour consentement mutuel;

3° Pour simple incompatibilité d'humeur.

Comme conséquence, les divorces se multiplièrent à ce point que, durant la première année du Directoire, il y eut plus de divorces que de mariages à Paris.

Les formalités de publicité du divorce étaient au fond les mêmes que celles du mariage. Si les époux voulaient divorcer par consentement mutuel, ils devaient convoquer une assemblée de famille ou d'amis, et y exposer leurs raisons. Un acte de non-conciliation était dressé; un mois après les époux le présentaient à l'officier de l'état civil, qui devait rédiger un acte de divorce dans la même forme que l'acte de mariage.

S'ils voulaient divorcer pour incompatibilité d'humeur, les époux étaient appelés devant une assemblée de parents ou d'amis, trois fois de suite à un mois

---

(1) Condamnation à une peine afflictive et infamante, sévices et injures graves, déréglement de mœurs notoire, absence sans nouvelles depuis cinq ans, abandon d'un époux par l'autre durant deux ans, folie ou démence, émigration.

d'intervalle; on dressait un acte de divorce et l'officier de l'état civil prononçait la rupture du lien conjugal.

La publicité existait; le défaut de la législation résidait tout entier dans la trop grande facilité avec laquelle il était loisible de rompre le lien conjugal.

Constatons en passant que dans les premiers temps, les registres de l'état civil n'ont pas été mieux tenus par les maires et adjoints que par les prêtres ; la preuve en est que le 20 janvier 1801, un arrêté rendit aux pasteurs la tenue des registres, mais pour peu de temps. La dernière tentative dans ce sens fut faite sous la Restauration en 1816 ; elle ne réussit pas : les ecclésiastiques demandaient qu'on transportât à l'autorité spirituelle le droit de condamner à des amendes et aux autres peines. C'était impossible, puisque ces attributions étaient, aux termes du Code civil, du domaine des tribunaux. Le projet avorta d'autant plus complètement que le Ministre craignit une résistance dans la chambre élective, en grande partie composée de magistrats.

Bientôt parut la loi du 8 décembre 1820 qui créa de nouveaux registres doubles et séparés pour les naissances, les mariages et les décès.

CHAPITRE II

PREMIÈRE SECTION

Législation du Code civil.

Notre législation moderne a réalisé des progrès énormes sur les législations antérieures, tant au point de vue de la régularité à observer dans la tenue des registres de l'état civil qu'au point de vue de la publicité considérée dans son efficacité pratique et objective. Est-ce à dire que nous soyons arrivés à la perfection dans l'espèce ? Non, et la preuve en est dans la multiplicité des lois qui sont venues successivement compléter, sur des points de plus en plus nombreux, les dispositions du Code civil.

Posons d'abord la base de la théorie de ce Code en ce qui regarde notre matière : le pouvoir civil reste entièrement séparé du pouvoir religieux ; sa compétence est exclusive quant à la tenue et à la garde des registres. Le législateur nouveau conserve d'ailleurs le principe de la déclaration de d'Aguesseau, de 1736 ; pour parer aux inconvénients résultant de perte, de falsification ou de destruction, les registres sont tenus *doubles* (art. 40), et à la fin de chaque année, clos et arrêtés par l'officier de l'état civil ; dans le mois, l'un des doubles est envoyé au greffe du tribunal de première instance ; l'autre est gardé aux archives de la commune.

Comment peut-on avoir connaissance de ce que contiennent ces registres ? L'article 45 du Code civil le dit : « Toute personne pourra se faire délivrer par « les dépositaires des registres de l'état civil, des extraits. « Les extraits délivrés conformes aux registres et « légalisés par le président du tribunal de première « instance, ou par le juge qui le remplacera, feront « foi jusqu'à inscription de faux ».

Les recherches sont faites par l'officier de l'état civil, non par la partie requérante, les registres ne sauraient en effet être remis aux intéressés pour les compulser sans courir des risques évidents de perte, de mutilation ou de falsification. La loi n'a donc poursuivi qu'un but très louable de conservation. En pratique, il arrive parfois qu'on obtienne communication des registres eux-mêmes. Est-ce par tradition de notre ancien droit, conservée, comme on l'a soutenu, en notre matière, que la communication des registres est autorisée en justice ? En fait, elle sera nécessaire dans différents cas, comme pour reconstituer une généalogie. « Dans « l'état de la législation actuelle, en effet, dit M. Les- « maris (1), la reconstitution d'une généalogie est pleine

____

(1) V. LESMARIS, *op. cit.,* p. 76.

« de difficultés, et pour cette raison que l'acte de nais-
« sance d'un individu ne mentionne pas le lieu de
« naissance de ses parents ; et pour cette raison encore..
« que les héritiers peuvent ignorer souvent le décès
« de leur auteur, en tout cas le lieu où s'est produit
« ce décès. » En présence des longueurs que peut
nécessiter ce travail difficile, il arrive que l'officier de
l'état civil, comme le greffier, reculant devant les
peines qu'entraîneraient ces multiples recherches,
préfère autoriser le requérant à compulser lui-même les
registres. En principe, on peut dire qu'aucun texte ne
s'y oppose absolument.

Qui délivre les extraits ? Le greffier du tribunal de
première instance, concurremment avec l'officier de
l'état civil, excepté pour l'année courante, où ce dernier
possède seul les deux doubles des registres. Lors de la
promulgation du Code, la question restait douteuse de
savoir quelles personnes exactement pouvaient délivrer
ces extraits : profitant de ce défaut de précision dans
le texte, de simples secrétaires de mairie se préten-
dirent compétents ; le 2 juillet 1807 le Conseil d'Etat
défendit cette pratique incorrecte pour l'avenir, en cou-
vrant le passé du voile protecteur de l'oubli.

Les extraits sont « délivrés conformes ». Que signifie
cette expression ? Elle signifie que le dépositaire des
registres publics doit certifier, dans des termes exprès,
que l'extrait par lui fourni a été délivré *conformément*
à la teneur du registre même ; il doit signer cette affir-

mation. Les extraits doivent être de plus (art. 45) « léga-
« lisés par le président du tribunal de première ins-
« tance ou par le juge qui le remplacera », c'est-à-dire
que le président du tribunal attestera la sincérité de la
signature mise au bas de l'extrait. Le président du tribunal exerce ce pouvoir de légalisation concurremment
avec le juge de paix depuis le 8 mai 1861, le premier
dans l'étendue de son ressort, le second dans les limites
de son canton ; quant aux cantons qui dépendent des
juges de paix siégeant au chef-lieu du ressort du tribunal, le président seul a le droit d'y légaliser les signa-
tures des officiers de l'état civil.

La loi du 17 août 1897 a introduit quelques inno-
vations en cette matière : à l'avenir, les extraits doivent porter en toutes lettres la date de leur délivrance,
et l'extrait de l'acte de naissance fourni à l'officier de
l'état civil qui célèbre le mariage, lors de la cérémonie, doit n'avoir pas plus de trois mois de date ;
ces prescriptions sont complétées par une disposition
de la même loi qui ordonne de faire mention de l'acte
de mariage, en marge de l'acte de naissance. Le but
de ces dispositions est de prévenir le crime de bigamie.

Mais de ces extraits, comme des registres eux-
mêmes, quelle est la force probante ? Ils prouvent,
jusqu'à inscription de faux, la vérité de leurs allégations ; et encore faut-il distinguer : Quant aux énonciations que l'on ne saurait prétendre erronées sans

attaquer la véracité de l'officier de l'état civil en tant que
fonctionnaire public, elles font foi jusqu'à inscription
de faux ; pour les énonciations faites au sujet de ce que
les déclarants lui ont affirmé sans qu'il l'ait contrôlé
par lui-même, elles ne font foi que jusqu'à la preuve contraire ; les énonciations qu'on n'est pas obligé de faire
n'ont aucune force probante, car l'officier doit refuser
de les inscrire.

Tout jugement qui ordonne la rectification d'un
acte de l'état civil est mentionné dans la marge et
l'acte n'est plus « délivré qu'avec les rectifications
« ordonnées, à peine de tous dommages-intérêts contre
« l'officier qui l'aurait délivré ».

Etudions les prescriptions du Code relatives aux
diverses natures d'actes portés sur les registres de
l'état civil.

Naissance. — Aux termes de l'article 57 du Code
civil « L'acte de naissance énoncera le jour, l'heure
« et le lieu de naissance, le sexe de l'enfant, et les
« prénoms qui lui seront donnés, les prénoms, noms,
« profession et domicile des père et mère et ceux des
« témoins ».

Dans l'acte de naissance sont donc groupés divers
renseignements; à quoi sert cet acte? L'article 319
répond : « La filiation des enfants légitimes se prouve
« par les actes de naissance inscrits sur les registres
« de l'état civil ». L'acte prouve donc la filiation
légitime. Pour faire la preuve de la filiation naturelle,
il faut de plus un acte de reconnaissance.

Notons en passant que les auteurs qui réclament la création d'un casier civil ont souvent regretté le défaut de mention, dans les actes de naissance, du lieu de naissance et de la nationalité des parents.

Reconnaissance d'enfant naturel. — Article 62 : « L'acte de reconnaissance d'un enfant sera inscrit sur « les registres à sa date ; et il en sera fait mention en « marge de l'acte de naissance, s'il en existe un ». — Article 334 : « La reconnaissance d'un enfant « naturel sera faite par un acte authentique, lorsqu'elle « ne l'aura pas été dans son acte de naissance ». Cet acte fournit à l'enfant naturel le moyen d'établir sa filiation.

Cette reconnaissance ne peut être faite que dans la forme authentique, soit dans l'acte de naissance même de l'enfant, soit par acte postérieur ; elle offre donc toutes les garanties de réflexion et d'irrévocabilité.

Qui peut recevoir une reconnaissance d'enfant naturel ?

1° *L'officier de l'état civil.* Il inscrira la reconnaissance dans l'acte de naissance, si elle est faite lors de cet acte ; au cas contraire, il en dressera un acte séparé (art. 62) et en fera mention en marge de l'acte de naissance ; enfin la reconnaissance sera consignée dans l'acte de mariage (art. 331) si elle a lieu à cette époque ;

2° *Les notaires ;* l'article 1er de la loi du 25 ventôse an XI leur donne qualité pour recevoir tout acte auquel les particuliers veulent ou doivent donner le caractère de l'authenticité. La doctrine et la jurisprudence admettent également leur compétence ;

3° *Le juge de paix*, assisté de son greffier, siégeant comme magistrat conciliateur ; la reconnaissance est inscrite dans le procès-verbal authentique des dires et des conventions des parties ;

4° *Un tribunal*, quand au cours d'une instance déroulée devant lui, une des parties a reconnu un enfant naturel et qu'il a été demandé acte de la reconnaissance à ce tribunal ; une condition est exigée : la reconnaissance doit se rattacher au débat ;

5° On peut enfin reconnaître un enfant dans un *testament par acte public*, car c'est un acte authentique.

Une question se pose : la reconnaissance reçue par un notaire peut-elle être transcrite en marge de l'acte de naissance ? L'article 23 de la loi du 25 ventôse an XI dit que le notaire doit communication de ses minutes aux seules parties intéressées. Il semble donc que la négative puisse se soutenir avec d'autant plus de chance de vérité, que l'article 62 paraît ne viser que la reconnaissance reçue par l'officier de l'état civil. L'article 62 déclare en effet que l'acte doit être inscrit sur les registres ; or, fait remarquer M. Baudry-Lacantinerie (1), si ce texte s'appliquait à notre cas, la loi ne dirait pas « inscrit », mais « transcrit » ou « copié » ;

____

(1) V. Baudry-Lacantinerie, *Précis de Droit civil*, t. I, p. 554.

l'article parle d'ailleurs d'inscrire « à sa date », ce qui serait impossible dans notre hypothèse. Enfin, ajoute-t-on, la volonté du père, auteur de la reconnaissance, doit être respectée ; il veut laisser son œuvre dans l'ombre, jusqu'à l'instant où il lui plaira de la faire apparaître. Si donc il pensait que, malgré cette volonté, la reconnaissance pût être publique, il hésiterait peut-être à la faire ; mieux vaut que la reconnaissance soit secrète que de ne pas exister du tout.

La théorie opposée répond : est-il bien vrai que si l'auteur de la reconnaissance savait qu'elle dût être rendue publique, il ne la ferait pas ? est-il bien vrai que le déclarant veuille la couvrir d'un voile impénétrable et laisser ignorer à tous la situation de l'enfant ? Ne désire-t-il pas plutôt demeurer aux yeux du monde en dehors de cet acte ? En un mot sa volonté n'est-elle pas uniquement de cacher son propre nom aux indifférents et aux indiscrets ?

Il y a un moyen de tout concilier : on mentionnera en marge de l'acte de naissance de l'enfant qu'une reconnaissance a eu lieu à son profit, à telle époque, entre les mains de Me X... ; armé de cette preuve, il sera tranquille sur son sort, et le nom du déclarant restera inconnu.

Comment cette mention, qui devra être obligatoirement inscrite, est-elle faite dans les cas où le Code en a reconnu la légalité ?

Doit-elle être apposée d'office ? Non, la loi en a

laissé le soin aux parties ; or celles-ci ne se préoccu-
peront guère, le plus souvent, de la faire remplir,
parce que la non-inscription ne porte pas atteinte
aux droits des déclarants. Cependant l'enfant dont
l'acte de naissance ne relate pas la reconnaissance,
peut se voir dans l'impossibilité d'en faire la preuve ;
ce sera regrettable à tous égards, car les effets de
la reconnaissance sont importants tant au point de
vue du nom, de la puissance paternelle et des consen-
tements à obtenir en matière de mariage ou d'adoption,
qu'au point de vue de l'obligation alimentaire, des
droits de successibilité et des incapacités résultant de
l'article 908.

Cet état de choses va d'ailleurs se trouver modéré
par une loi postérieure (1).

Acte de mariage. — Le mariage est un acte grave
entre tous, car il modifie dans une large mesure l'état
et la capacité des personnes : il fait naître des obligations ; il est la source d'incapacités ; il engendre des
droits ; pendant que la femme mariée est frappée
d'incapacité spéciale, le mari est revêtu d'une autorité
reconnue et définie par la loi ; d'autre part, les conventions matrimoniales donnent lieu à des situations
particulières. C'est donc une nécessité que de faire
connaître aux tiers l'existence du mariage, et, même
avant sa célébration, le projet qu'on a de le contracter.
Si les futurs époux sont sous le coup d'un empêche-

____

(1) Voir *infra,* loi du 17 août 1897.

ment légal, provenant de leur âge, par exemple, du degré de parenté qui les unit l'un à l'autre, ou de l'existence d'un lien antérieur non dissous pour l'un d'eux, il n'est que juste de prévenir pratiquement ceux auxquels la loi accorde le droit d'opposition et de leur laisser toute latitude désirable pour agir. Comment les intéressés seront-ils avertis? A l'aide de publications. En principe, elles devraient être faites à haute voix (art. 63), deux dimanches consécutifs, à la porte de la maison commune ; en pratique on se contente, conformément aux dispositions de l'article 64, d'afficher un extrait de l'acte de publication à la porte de la maison commune, pendant huit jours consécutifs.

Il existe à la mairie un registre des publications, où l'officier de l'état civil inscrit également (art. 67) les oppositions, et en marge les jugements ou actes de main-levée dont une expédition lui a été notifiée.

Pour connaître en fait si le mariage a été réellement célébré, on a cru que le seul moyen était d'ordonner la publicité de la célébration et de l'acte de mariage.

Pour le mariage en lui-même, il est « célébré publi- « quement devant l'officier civil du domicile de l'une « des parties » (art. 165). Il est dressé du mariage un acte écrit dont chacun peut se faire délivrer un extrait. Est-ce à dire que la publicité soit assurée d'une manière absolue et complètement efficace ? Non, il est même des cas où l'on sera sans armes contre la fraude : notamment s'il existe un lien antérieur non dissous.

Comment le constater ? Le futur époux déclarera qu'il n'est pas marié et son acte de naissance ne fera pas découvrir la fausseté de ses allégations, puisque l'acte de mariage n'y sera pas mentionné (1).

La publicité fait aussi défaut en ce qui touche les conventions matrimoniales ; ce peut être une cause de préjudices importants pour les tiers qui contractent avec les époux, puisque ces conventions leur sont opposables. Sous certains régimes, il est vrai, ils courent moins de risques, comme dans les régimes d'exclusion de communauté ou de séparation de biens, où la femme a des pouvoirs plus étendus et une capacité plus complète que sous le régime de communauté : s'ils craignent une fraude, ils peuvent demander l'engagement des deux époux conjointement. Ils n'ont pas à se préoccuper des clauses de préciput et de séparation de dettes, qui n'ont d'effet qu'entre époux et ne reçoivent exécution qu'après le paiement des créanciers. Mais le danger est dans le régime dotal, où règne un système d'inaliénabilité d'ordre public, c'est-à-dire contre laquelle ne peuvent réagir ni les tiers, ni les époux eux-mêmes réunis en une commune volonté. Les époux peuvent donc avoir intérêt à cacher leurs conventions matrimoniales ; si les tiers leur demandent la production du contrat de mariage, ils répondent qu'il n'en a pas été passé, c'est-à-dire qu'ils vivent sous le régime de communauté légale. Pour

____

(1) V. *infra*, loi du 17 août 1897.

rassurer le cocontractant ils consentent une hypothèque, puis au moment de se libérer, ils invoquent l'incapacité et l'inaliénabilité dotales, et la fraude est accomplie.

Jusqu'en 1850 (1), époque à laquelle l'article 75 du Code civil fut modifié, cette législation, si défectueuse fût-elle, a été maintenue ; il n'y avait d'exception que pour les commerçants, dont le contrat de mariage est soumis à une publicité spéciale organisée par le Code de commerce dans les articles 67, 68 et 69 : un extrait du contrat de mariage est affiché dans les chambres de notaires et d'avoués, aux greffes du tribunal civil et du tribunal de commerce de l'arrondissement où se trouve le domicile du mari. « Cet extrait annoncera « si les époux sont mariés en communauté, s'ils sont « séparés de biens, ou s'ils ont contracté sous le régime « dotal ». Article 69 : « L'époux séparé de biens « ou marié sous le régime dotal qui embrasserait la « profession de commerçant postérieurement à son « mariage, sera tenu de faire pareille remise (c'est-à- « dire : transmission d'un extrait aux greffes et « chambres susvisés) dans le mois du jour où il aura « ouvert son commerce : à défaut de cette remise, il « pourra en cas de faillite être condamné comme « banqueroutier simple ».

Il est permis de regretter que cette mesure salutaire s'applique uniquement aux commerçants.

____

(1) V. *infra*, loi du 10 juillet 1850.

Décès. — Les dispositions du Code sont ainsi conçues : Article 77 : « Aucune inhumation ne sera « faite sans une autorisation sur papier libre et sans frais, « de l'officier de l'état civil, qui ne pourra la délivrer « qu'après s'être transporté auprès de la personne « décédée, pour s'assurer du décès, et que vingt- « quatre heures après le décès, hors les cas prévus par « les règlements de police ».

ART. 78. — « L'acte de décès sera dressé par l'of- « ficier de l'état civil sur la déclaration de deux témoins. « Ces témoins seront, s'il est possible, les deux plus « proches parents ou voisins », car ils donneront des renseignements plus exacts.

ART. 79. — Il « contiendra les prénoms, nom, âge, « profession et domicile de la personne décédée..., de « son époux..., des déclarants.... autant qu'on pourra « le savoir..., des père et mère du décédé, et le lieu « de sa naissance » (1).

Ces trois articles constituent toute la publicité légale, qui se trouve circonscrite dans le lieu même du décès. Cependant les cas sont nombreux où l'on peut avoir besoin de faire la preuve de ce décès. Ce défaut de publicité a plusieurs fois occasionné des poursuites pour insoumission organisées par la justice militaire

---

(1) Souvent, quoique la loi ne le dise pas, l'officier mentionne le jour et l'heure du décès ; mais comme les déclarants peuvent avoir intérêt à le tromper, une controverse s'est élevée sur la force probante de cette énonciation ; la majorité des auteurs incline cependant à donner foi à la déclaration jusqu'à la preuve contraire.

contre des jeunes gens antérieurement décédés. En matière de succession, hors le cas où les héritiers se trouvent au lieu de la mort du *de cujus*, ils peuvent l'ignorer, puisque l'acte qui le constate n'est légalement rattaché à aucun autre, et que ni sur l'acte de naissance, ni ailleurs, on ne peut trouver trace du fait du décès. Un seul moyen reste aux intéressés qui sont avisés du décès sans savoir où il a eu lieu, c'est d'avoir recours aux actes de notoriété : deux témoins viennent affirmer par serment ce que rapporte la rumeur publique, la commune renommée. Cette preuve n'offre malheureusement que peu de garanties. Ces inconvénients seraient évités s'il existait un lien entre les divers actes concernant la même personne.

Divorce. — Séparation de corps. — Séparation de biens. — Les causes de divorce sont déterminées par les articles 229-232. Il convient de distinguer, au point de vue de la publicité, la demande elle-même du jugement qui prononce sur cette demande.

La demande en divorce n'est pas astreinte à une publicité spéciale, c'est d'autant plus inexplicable que cette publicité existe pour la demande en séparation de biens principale.

Quant au jugement, il est porté à la connaissance des tiers par voie d'affiches : « Extrait de ce jugement « contenant la date, la désignation du tribunal où il a « été rendu, les noms, prénoms, profession et demeure « des époux, sera inséré au tableau et exposé pendant

» un an dans l'auditoire des tribunaux de première
« instance et de commerce du domicile du mari,
« même lorsqu'il ne sera pas négociant, et s'il n'y a
» pas de tribunal de commerce, dans la principale
« salle de la maison commune du domicile du mari.
« Pareil extrait sera inséré au tableau exposé en la
« chambre des avoués et notaires, s'il y en a.... (Code
de procédure, article 872). L'article 66 du Code
de commerce contient les mêmes prescriptions. Notons en passant que, le jugement rétroagissant au
jour de la demande quant aux rapports entre époux,
mais non à l'égard des tiers, le mari a la possibilité de
commettre des actes frauduleux jusqu'au jugement, et
la femme n'a pour se défendre que la ressource de
l'action paulienne.

C'est une conséquence regrettable de notre législation. En matière de séparation de corps, les règles de
publicité sont les mêmes.

Pour ce qui est de la séparation de biens,
aux termes de l'article 1445, alinéa 2 du Code civil :
« Le jugement qui prononce la séparation de biens
« remonte quant à ses effets au jour de la demande ».

Il en résulte que les tiers doivent connaître
par une publicité efficace l'existence de la demande ;
c'est dans ce but que la demande en séparation de
biens doit être affichée dans le prétoire du tribunal
civil et du tribunal de commerce, ainsi que dans les
chambres d'avoués et de notaires (art. 866 et 867,

C. proc. (1). En ce qui concerne le jugement, l'article
1445 du Code civil, alinéa premier, prescrit une publicité analogue à celle du jugement en divorce : « Toute
« séparation de biens doit avant son exécution, être
« rendue publique par l'affiche sur un tableau à ce des-
« tiné, dans la principale salle du tribunal de première
« instance, et de plus, si le mari est marchand, ban-
« quier ou commerçant, dans celle du tribunal de
« commerce du lieu de son domicile, et ce, à peine
« de nullité de l'exécution ».

On sait que la rétroactivité du jugement prononçant
la séparation de biens principale existe pour les tiers
comme dans les rapports entre époux.

Au contraire, si la séparation de biens résulte acces-
soirement d'un jugement de séparation de corps, elle
ne remonte au jour de la demande qu'au regard des
époux seulement. La Cour de cassation a consacré cette
théorie dans plusieurs arrêts.

La femme reste donc soumise dans ce cas aux
conséquences des actes frauduleux qu'accomplit le
mari dans la période écoulée entre la demande et le

______

(1) Article 866 : « Le greffier du tribunal inscrira sans délai dans un
« tableau placé à cet effet dans l'auditoire, un extrait de la demande en
« séparation, lequel contiendra : 1° la date de la demande; 2° les noms,
« prénoms, profession et demeure des époux; 3° les noms et demeure de
« l'avoué constitué qui sera tenu de remettre à cet effet ledit extrait au
« greffier, dans les trois jours de la demande ».
Article 867 : « Pareil extrait sera inséré dans des tableaux placés à cet
« effet dans l'auditoire du tribunal de commerce, dans les chambres d'a-
« voués de première instance, et dans celle des notaires, le tout dans les
« lieux où il y en a : lesdites insertions seront certifiées par les greffiers et
« les secrétaires des chambres ».

jugement. Elle n'est, il est vrai, pas entièrement désarmée : « elle peut faire retirer à son mari la « jouissance et l'administration de ses biens person- « nels, de même que des biens de la communauté, « en formant une demande en séparation de biens. « On peut être partisan d'une publicité aussi large « que possible, encore faut-il que cette publicité n'aille « pas à l'encontre de l'intérêt de la société et à l'en- « contre de l'esprit de la loi (1) ». M. Lesmaris en conclut qu'il faut autant que possible éviter les scandales, favoriser la paix du ménage, dans l'intérêt de la famille et des enfants, et rechercher les occasions de rapprochement, empêcher les étrangers de « s'im- « miscer dans ce genre d'instances, d'une nature « souvent délicate et éminemment intime ; on ne doit « pas leur permettre de spéculer sur l'issue d'un « procès dont la solution pourrait les intéresser si le « jugement produisait des effets rétroactifs : leurs « droits, en effet, pourraient se trouver menacés ou « consolidés, selon que le divorce ou la séparation de « corps seraient ou ne seraient pas prononcés (2) ».

Nous ne partageons pas cet avis et comprenons difficilement pourquoi la séparation de biens ne produit pas les mêmes effets, selon qu'elle est principale ou accessoire à une séparation de corps. Sans doute, il peut

---

(1) V. LESMARIS, *op. cit.*, p. 104.

(2) V. COCAT, *De la publicité en matière d'état et de capacité des personnes.* Thèse pour le doctorat, Grenoble, 1898.

être pénible pour les époux de faire connaître leurs dissensions, mais il semble qu'à l'intérêt de la famille, on peut opposer l'intérêt public ; les changements dans la capacité des époux sont assez importants pour que les tiers les connaissent. D'ailleurs, une telle publicité n'amènerait pas nécessairement la mésintelligence dans les ménages, et l'on ne peut pas sérieusement, pour la faire jouir des avantages de la rétroactivité, obliger la femme à former avec sa demande en séparation de corps une demande en séparation de biens, puisque la première emporte de plein droit la seconde.

La séparation de corps ou de biens prend fin par la réconciliation des époux. Cependant, si la première cesse par le retour à la vie commune, sans que le Code prescrive aucune formalité spéciale, il n'en est ainsi qu'au regard des rapports entre époux et non pour ce qui touche le régime des biens ; la seule réconciliation ne fait pas renaître la communauté préexistante. La femme reste donc soumise aux dispositions de l'art. 1449 du Code civil. (Il en sera d'ailleurs autrement à partir de 1893) (1). Est-ce à dire que la communauté ne renaîtra jamais ? Non pas, et l'art. 1451 prévoit ce cas : « La communauté « dissoute par la séparation soit de corps et de biens, « soit de biens seulement, peut être rétablie du consen- « tement des deux parties. Elle ne peut l'être que par « un acte passé devant notaires et avec minute, dont « une expédition doit être affichée dans la forme de

(1) V. *infra*, loi du 6 février 1893.

« l'art. 1445. En ce cas, la communauté rétablie reprend
« son effet du jour du mariage ; les choses sont remises
« au même état que s'il n'y avait point eu de séparation,
« sans préjudice néanmoins de l'exécution des actes
« qui dans cet intervalle ont pu être faits par la femme,
« en conformité de l'art. 1449. Toute convention par
« laquelle les époux rétabliraient leur communauté sous
« des conditions différentes de celles qui la réglaient
« antérieurement, est nulle ».

Légitimation. — C'est un acte juridique par lequel
un enfant naturel acquiert la qualité et les droits d'un
enfant légitime, comme le déclare l'article 331 du
Code civil : « Les enfants nés hors mariage autres que
« ceux nés d'un commerce incestueux ou adultérin,
« pourront être légitimés par le mariage subséquent
« de leurs père et mère, lorsque ceux-ci les auront
« légalement reconnus avant leur mariage, ou qu'ils
« les reconnaîtront dans l'acte même de célébration ».

Le mariage est le seul moyen de légitimer un enfant
naturel.

L'acte de reconnaissance ou l'acte de mariage des
père et mère de l'enfant assurent indirectement une
certaine publicité à la légitimation ; mais si l'enfant
ignore la date de ces deux actes, il lui est difficile de
les retrouver. Dans ce cas, la légitimation lui sera à
peu près inutile (1).

---

(1) Voir *infra*, les changements apportés en cette matière par la loi du
17 août 1897.

Adoption. — L'adoption se fait publiquement (art. 353 et suiv.) devant le juge de paix. Le Procureur de la République reçoit dans les dix jours, à fin de faire procéder à l'homologation, une expédition de l'acte qui la constate. Le tribunal statue : il admet ou repousse la demande sans énoncer de motifs. Dans le mois du jugement, par les soins de la partie la plus diligente, la décision est soumise à la Cour d'appel, qui prononce également sans indication de motifs. Si elle admet l'adoption, l'arrêt est prononcé en audience publique « et affiché en tels lieux et en tel nombre « d'exemplaires que la Cour juge convenable » (art. 358 *in fine*). Art. 359 : « Dans les trois mois qui suivront « ce jugement, l'adoption sera inscrite, à la réquisition « de l'une ou de l'autre parties, sur le registre de « l'état civil du lieu où l'adoptant aura son domicile... ; « et l'adoption restera sans effet si elle n'a été inscrite « dans ce délai ».

L'adoption crée entre les parties une parenté légale, bien que fictive ; elle est la source de droits et de devoirs réciproques. Il eût donc mieux valu prendre des mesures suffisantes pour assurer la publicité efficace de l'adoption : si l'adopté voulait, en effet, contracter mariage en contravention aux prescriptions de l'article 348 (1), il ne serait pas impossible qu'il pût y arriver, car l'acte de naissance ne relate pas la qualité

(1) L'article 348 énonce les empêchements au mariage entre l'adopté et certains membres de sa famille adoptive.

d'adoptant ni celle d'adopté, et les publications de mariage, qui restent souvent sans effet, ne feraient pas connaître le projet d'union aux personnes publiques ou privées qui auraient intérêt à le savoir, pour s'opposer à sa réalisation.

Emancipation. — (Art. 476 et suiv.) L'émancipation a lieu de plein droit par le mariage; elle est alors entourée de la même publicité que lui. Mais elle peut aussi provenir d'une déclaration du père ou de la mère devant le juge de paix du domicile du mineur; dans ce dernier cas la publicité est manifestement insuffisante. Cependant l'émancipation est un fait grave, puisque la puissance paternelle et la puissance tutélaire meurent, et que le mineur devient capable d'accomplir certains actes de la vie civile. Il est vrai que l'on n'a guère à craindre de lui voir céler son émancipation, puisque sa capacité en est augmentée.

Mais l'absence de publicité est plus regrettable quand il y a lieu au retrait de l'émancipation : aux termes de l'article 485, les formalités employées sont les mêmes qu'au jour où elle a été proclamée. Cependant la situation est renversée, la capacité diminue, le tuteur reparaît ou la puissance paternelle renaît. Les tiers ont intérêt à connaître cet événement; en pratique, ils ne le connaîtront pas.

C'est une lacune fâcheuse dans la loi.

Interdiction. — *Conseil judiciaire.* — « Le majeur « qui est dans un état habituel d'imbécillité, de dé-

« mence ou de fureur, doit être interdit, même lorsque
« cet état présente des intervalles lucides » (art 489).
L'interdiction frappe l'aliéné d'une incapacité générale
de contracter, lui impose un tuteur, et rend nuls de
droit tous les actes qu'il accomplit.

ART. 513. — « Il peut être défendu aux prodigues de
« plaider, de transiger, d'emprunter, de recevoir un
« capital mobilier et d'en donner décharge, d'aliéner
« ni de grever leurs biens d'hypothèques, sans l'assis-
« tance d'un conseil qui leur est nommé par le tribunal ».

Nos deux articles prévoient, l'un une diminution de
capacité civile, l'autre là totale disparition de cette
capacité. Il y a donc péril évident pour les tiers, dans
les deux cas et, dans une certaine mesure, péril plus
grand pour eux, dans le cas de dation de conseil judiciaire ; car la folie se manifeste par les paroles ; l'imbécillité, la démence ou la fureur sont en général faciles
à observer. Au contraire, il n'est guère possible, par la
seule conversation que l'on a avec une personne, de
connaître qu'elle s'est montrée assez faible d'esprit ou
assez prodigue pour qu'on ait dû la pourvoir d'un conseil
judiciaire.

N'enseigne-t-on pas, d'ailleurs, au moins aux termes
d'une théorie, que le juge aurait le pouvoir de prononcer
toutes ou quelques-unes seulement des incapacités
édictées par l'art. 501 ? Il faudrait donc aux jugements
prononçant interdiction ou dation de conseil judiciaire,
une publicité sérieuse ; or, en quoi consiste-t-elle ? Elle
est la même dans les deux cas :

Art. 498. — « Le jugement sur une demande en
« interdiction ne pourra être rendu qu'à l'audience
« publique, les parties entendues ou appelées ».

Art. 501. — « Tout arrêt ou jugement portant
« interdiction ou nomination d'un conseil, sera, à la
« diligence des demandeurs, levé, signifié à partie, et
« inscrit dans les dix jours sur les tableaux qui doivent
« être affichés dans l'auditoire et dans les études des
« notaires de l'arrondissement ».

Il faut interpréter ce dernier article en ce sens que,
si l'interdiction a été prononcée par le jugement de
première instance, les opérations de publicité seront
accomplies dans les 10 jours nonobstant appel ; si la
Cour confirme le jugement, les effets de l'interdiction
remonteront au jour de ce jugement ; si elle infirme
le jugement, les effets qui se sont déjà produits seront
rétroactivement anéantis.

Quand l'interdiction, repoussée en première instance,
est prononcée en appel, les formalités de publicité
doivent être observées dans les dix jours à partir de
cet arrêt.

Le 6 juillet 1806, une décision ministérielle a prévu
le cas où l'interdiction est prononcée sur la poursuite
du ministère public : il suffit dans cette circonstance
de notifier le jugement au Président de la Chambre
des notaires ; celui-ci le communique aux autres
notaires de l'arrondissement.

Aux termes d'un décret du 16 février 1807, un

extrait du jugement prononçant interdiction ou dation
de conseil judiciaire doit être remis au secrétaire de
de la Chambre des notaires ; celui-ci en donne récé-
pissé et le communique aux notaires de l'arrondissement, qui doivent l'afficher en leur étude à peine de
dommages-intérêts (1). Un extrait du jugement d'interdiction doit aussi être inséré dans un journal judiciaire. Mais il ne semble pas que l'omission de cette
formalité soit une cause de nullité.

Le champ de rayonnement de la publicité en cette
matière se trouve singulièrement restreint, puisque
les formalités prescrites ne sont remplies que dans
l'arrondissement du domicile du pourvu ou de l'interdit. Si donc celui-ci s'éloigne de cet arrondissement, les tiers n'ont aucun moyen de connaître son
incapacité (2).

Il reste à dire quelques mots sur certains états
particuliers où la publicité laisse également fort à
désirer.

Tout d'abord l'état des aliénés non interdits enfer-
més dans un asile : la loi du 30 juin 1838 réglemente
leur situation : (ces incapables reçoivent suivant les

____

(1) L'article 18 de la loi du 25 Ventôse an XI, édicte les formalités de cet
affichage : « Le notaire tiendra exposé dans son étude un tableau sur lequel
« il inscrira les noms, prénoms, qualités et demeures des personnes qui,
« dans l'étendue du ressort où il peut exercer, sont interdites et assistées
« d'un conseil judiciaire, ainsi que la mention des jugements y relatifs ; le
« tout immédiatement après la notification qui leur en a été faite, et à
« peine des dommages et intérêts des parties ».

(2) Voir *infra*, les modifications qu'a apportées la loi du 16 mars 1893.

cas, un curateur à la personne, un administrateur provisoire ou un mandataire *ad litem*).

L'art. 39 de cette loi proclame que les actes faits par l'aliéné non interdit, mais interné, pendant son internement, pourront être attaqués pour cause de démence conformément à l'art. 1304 du Code civil. Si cet article n'existait pas, on serait obligé de s'en tenir au droit commun : tout intéressé pourrait faire prononcer l'inexistence de l'acte à la condition de prouver la démence au moment où cet acte a été accompli. L'art. 39 se borne à décréter la nullité ; il faut de plus pour être déclaré nul que l'acte ait été fait dans une période de démence et que la nullité soit invoquée par l'aliéné ou ses représentants.

Aucune mesure de publicité n'a été prescrite relativement à cet état d'internement. Il est vrai que si l'aliéné est interné, les tiers ne traiteront pas avec lui, et que s'ils le font, ils n'auront à s'en prendre qu'à eux-mêmes. Un seul cas serait à redouter, celui où un aliéné instituerait un mandataire et où les tiers contracteraient avec ce dernier. Ce sera rare, mais cela ne suffit-il pas pour faire souhaiter une publicité quelconque ?

Il est encore différents cas où l'on regrette l'absence d'une publicité sérieuse et effective :

La faillite entraîne de graves perturbations dans la capacité des personnes, cependant elle n'est connue que par des affiches et des insertions (art. 442 Code de commerce).

Les incapacités de droit pénal (dégradation civique, interdiction de disposer de ses biens en tout ou en partie, soit par donation entre vifs, soit par testament, ou de recevoir à ce titre, si ce n'est pour cause d'aliments) ne font pas l'objet de mesures spéciales ; il n'y a une exception qu'au cas de contumace où la loi ordonne l'affichage d'un extrait de l'arrêt de condamnation dans diverses communes, notamment dans celle du domicile du condamné.

Enfin la loi du 24 juillet 1889 « sur les enfants mal- « traités ou moralement abandonnés » n'assure aucune publicité à l'incapacité qui frappe les père, mère et ascendants déchus de la puissance paternelle.

En résumé, quels sont les moyens de publicité reconnus par le Code civil ?

La publicité peut se faire de deux manières : ou bien consigner le fait à publier sur des registres, et tenir ceux-ci à la disposition des intéressés ; ou bien, par des annonces officielles, chercher à obtenir autant que faire se pourra, la propagation et la divulgation du fait dans le public, mais ce procédé présente trop d'imperfections pour être employé comme moyen principal isolé.

Le législateur a admis les deux modes : il a eu recours au premier pour les faits relatifs à l'état civil, et au second pour les questions d'incapacité, en accordant à la publicité par les registres une préférence qui tend à s'accentuer chaque jour davantage.

La publicité obtenue par une réclame contemporaine du fait est par elle-même incomplète : d'abord au point de vue de son utilité effective, car beaucoup de personnes ne lisent pas la quatrième page des journaux ou ne regardent pas les affiches ; ensuite et surtout au point de vue du cercle dans lequel s'exerce cette publicité. Elle est restreinte à l'arrondissement du domicile. D'ailleurs, une proclamation, une affiche s'oublient vite (1).

L'autre procédé de publicité est beaucoup plus sérieux, il serait même parfait si notre législation l'avait organisé d'une façon pratiquement suffisante. La mention sur un registre n'est pas en effet passagère, elle reste en permanence, elle est à la disposition de tous, qu'on habite ou non l'arrondissement, que le fait soit récent ou ancien. Le malheur est que le législateur n'a pas organisé ce régime selon l'esprit qui semblait devoir dominer la matière. Le problème était le suivant : faciliter les recherches des intéressés et procurer à ceux qui en ont besoin, la constatation et la preuve d'un fait dont ils soupçonnent l'existence sans en être certains, ou même d'un fait qui leur est inconnu.

Le législateur n'a pas été assez loin, il s'est arrêté en chemin : il donne seulement aux intéressés le moyen de se procurer la preuve authentique de l'état

____

(1) L'on ne peut pas croire sincèrement que les affiches apposées dans l'auditoire des tribunaux ou dans les études des avoués ou des notaires soient feuilletées et étudiées par les personnes qui passent devant elles.

d'une personne, quand cet état leur est connu d'avance. Ce n'est pas suffisant.

Si la publicité était organisée d'une manière complète et suivant un principe unique, si les divers renseignements relatifs à un même individu étaient centralisés en un seul point, par exemple au lieu de la naissance, la pratique serait toute simple : je demanderais à cet individu son nom et son lieu de naissance ; s'il ne consentait pas à me répondre, ou s'il me donnait des renseignements erronés, je me refuserais à traiter avec lui ; si au contraire il me fournissait des données exactes, je consulterais les registres et ne m'engagerais qu'à bon escient.

Sous la législation du Code civil, il est impossible de procéder ainsi, car l'acte de naissance ne contient pas ces mentions qui seraient pourtant nécessaires. Ce qui manque, c'est donc un lien entre ces divers faits concernant l'état et la capacité des personnes ; on peut avoir connaissance de certains actes séparés, on ne peut pas suivre, en la remontant, la vie d'un individu. Les personnes qui ignorent le lien où ces faits se sont passés ne parviennent pas à les connaître.

Il est un seul cas où ce système, déplorable à notre avis, a été abandonné : dès la législation du Code civil, l'article 62 édictait que la reconnaissance d'un enfant naturel devait être mentionnée en marge de son acte de naissance. C'est une disposition heureuse au point de vue de l'intérêt privé aussi bien qu'au point de vue de l'intérêt public : si la reconnaissance n'était pas inscrite en marge de l'acte de naissance et que l'enfant reconnu voulût épouser la personne de qui elle émane, qui l'en empêcherait? Personne le plus souvent, et pourtant l'ordre public est directement en jeu. C'est donc un premier pas fait, bien timidement, dans le Code de 1804, vers le casier civil, c'est-à-dire vers ce qui fait l'objet de notre étude. Encore, dans cette limite même, les tendances du législateur n'ont-elles pas été assez fermement marquées, car aux termes de l'article 49 : « Dans tous les cas où la mention d'un « acte relatif à l'état civil devra avoir lieu en marge « d'un autre acte déjà inscrit, elle sera faite à la « requête des parties intéressées... ».

Or pour faire mentionner cette reconnaissance, il faut s'en faire délivrer une expédition, pour laquelle est perçu un droit de 3 francs (3 fr. 75 avec les décimes) ou de 7 fr. 50 (9 fr. 38 avec les décimes), suivant que la reconnaissance est faite dans l'acte de célébration du mariage ou par acte séparé. Les avances à faire, les formalités à observer n'empêcheront-elles pas les parties de répondre au vœu de la loi? Souvent la mention ne sera pas opérée.

D'une façon générale, il semble que le Code civil eût dû faire preuve de plus d'esprit d'unité en cette matière spéciale de publicité qui nous occupe, et que l'insuffisance de ses dispositions est manifeste.

Diverses lois postérieures provoquées par les nécessités de la pratique, ont amené des perfectionnements progressifs.

DEUXIÈME SECTION

Lois postérieures au Code civil.

Le Code de commerce (art. 67) et le Code de procédure civile (art. 872) avaient réalisé une amélioration indiscutable en matière de publicité des conventions matrimoniales. Malheureusement cette modification, loin d'avoir une portée générale, ce qu'on eût été en droit de souhaiter, ne s'appliquait qu'aux époux commerçants ; les contrats de mariage des non-commerçants restaient donc sous l'ancienne condition de la non-publicité.

Diverses lois ont été votées pour obvier aux inconvénients et aux fraudes qui s'étaient manifestés.

L'ère des réformes commença avec la

LOI DU 10 JUILLET 1850

Voici le mécanisme de cette loi :

Quand un notaire dresse le contrat de mariage de deux époux (art. 1394, C. c.), il leur donne lecture du dernier alinéa de l'art. 1394, et leur délivre « au « moment de la signature du contrat, un certificat sur « papier libre et sans frais énonçant ses noms et lieu « de résidence, les noms, prénoms, qualités et « demeures des futurs époux, ainsi que la date du « contrat. Le certificat indiquera qu'il doit être remis

« à l'officier de l'état civil avant la célébration du
« mariage ».

D'autre part, au moment de la célébration du
mariage, l'officier de l'état civil interpelle « les futurs
« époux, ainsi que les personnes qui autorisent le
« mariage, d'avoir à déclarer s'il a été fait un contrat
« de mariage, et dans le cas de l'affirmative, la date
« de ce contrat, ainsi que les noms et lieu de résidence
« du notaire qui l'aura reçu.... » (Art. 75, alinéa 2).

Si la réponse est négative, il en fait mention dans
l'acte de mariage ; au cas contraire, il reçoit des parties le certificat susdit, et fait sur son registre mention
de ce qu'il contient.

Il y a là plusieurs progrès réalisés sur la législation
du Code civil et sur celle du Code de commerce ; en
effet, l'article 67 de ce dernier Code ne s'applique
qu'aux époux commerçants ; nos articles au contraire
ont une portée générale et leur champ d'application
n'est plus seulement restreint à telle ou telle catégorie
de citoyens. De plus, une fois le contrat mentionné
sur le registre, il peut être connu de tous, et si plus
tard les époux déclarent s'être mariés sans contrat, on
pourra aisément contrôler la véracité de leurs affirma-
tions.

Mais si les époux disaient à l'officier qu'ils se sont
mariés sans contrat ? L'officier serait obligé de faire
mention de cette déclaration, fût-elle mensongère, s'il
ignorait qu'elle l'est réellement. Et alors les tiers qui

s'adresseraient aux conjoints s'entendraient dire :
« Aucun contrat de mariage n'a été fait », et on en
trouverait la confirmation sur le registre. C'est là un
danger auquel la loi a paré, au moins partiellement,
par les dispositions finales de l'article 1391 du Code
civil : « Toutefois, si l'acte de célébration du mariage
« porte que les époux se sont mariés sans contrat, la
« femme sera réputée, à l'égard des tiers, capable de
« contracter, dans les termes du droit commun, à
« moins que, dans l'acte qui contiendra son engage-
« ment, elle n'ait déclaré avoir fait un contrat de
« mariage ».

Cette prescription est malheureusement trop restreinte, car elle ne s'applique, malgré son apparente
généralité, qu'à la femme dotale; M. Valette, dans son
rapport du 11 juin 1850 à l'Assemblée nationale, l'a
prouvé péremptoirement : l'inaliénabilité des biens
dotaux et l'incapacité qui en provient ne peuvent pas
être opposés aux tiers. C'est l'unique résultat qu'on
obtient. Il semble pourtant que, au cas de défaut de
mention sur le registre, la femme aurait dû être réputée mariée sous le régime du droit commun, celui de
la communauté légale, quel que fût d'ailleurs le régime
sous lequel elle était réellement mariée ; le régime
dotal est assurément le plus anormal, celui qui entrave
au plus haut degré la capacité des époux quant à
l'aliénation des biens constitués en dot ; mais ce n'est
pas le seul qui déroge par des restrictions de capacité

au régime de communauté, ce n'était donc pas le seul
à viser en cette occurrence.

On a bien dit que pour les *créanciers de la femme*,
le régime dotal était le seul dont la dissimulation pût
leur causer préjudice : la femme séparée ou non
commune, en effet, si elle dissimule l'existence de
son contrat, ne peut guère duper les tiers, puisque
sous ces deux régimes sa capacité est plus grande que
sous celui de la communauté légale : ils lui permettent, en cas de séparation, d'engager la pleine propriété de ses biens ; en cas de non communauté, la
nue propriété de cet actif, et non pas seulement
comme sous le régime de communauté, la nue propriété de ses immeubles et rien de ses meubles. Elle
s'ôte donc du crédit à elle-même, comme le fait justement remarquer M. Colmet de Sauterre, et ne cause
aucun dommage à ses créanciers. Tout cela est exact,
nous le concédons.

Mais la situation change si l'on se place en face des
créanciers du mari. Les tiers ont compté, dans le cas
de dissimulation d'un contrat de mariage où les
époux ont fait choix d'un des deux régimes précédents,
sur un patrimoine commun, c'est-à-dire sur le mobilier
apporté par la femme et sur le revenu de ses immeubles. Or il n'y a pas de patrimoine commun, c'est là
pour eux une source de préjudice indiscutable. Eh
bien ! l'on s'est demandé s'ils ne devraient pas « avoir
« le droit de réclamer, non seulement au mari, mais

« aussi à la femme des dommages-intérêts, et de faire
« saisir pour obtenir satisfaction les biens mobiliers
« de la femme exclus de toute communauté par son
« contrat (1) ». Les explications de M. Valette nous
montrent clairement que ce but est resté tout à fait
en dehors des idées du législateur de 1850. Est-ce un
tort ? On l'a nié, en soutenant que dans ce cas il n'y
avait pas d'inaliénabilité dotale, partant, que la femme
pouvait s'obliger ; que les tiers prudents n'avaient qu'à
la faire intervenir au contrat en même temps que son
mari, et qu'ils obtiendraient garantie certaine.

Il nous est difficile d'admettre ce système : de ce
que les tiers pourraient prendre des précautions
supplémentaires pour assurer la conservation de leurs
droits, il ne faut pas conclure que le législateur ne
doive pas les protéger, en dehors de toute autre espèce
de considération. A notre avis, il y a une lacune dans
la législation de 1850. De ce que les tiers doivent être
prudents, il ne s'ensuit pas nécessairement que la loi
doive être imprévoyante.

Il ne manque pas d'autres critiques à faire à cette
loi. Quand l'interpellation a été faite par l'officier de
l'état civil et que les parties lui ont remis le certificat
du notaire, que se passe-t-il ? On sait qu'il y a un
contrat de mariage dressé. Mais lequel ? on l'ignore.
Comment en effet pourrait-on le savoir ? Si l'on

____

(1) V. LESMARIS, *op. cit.*, p. 126.

s'adresse au notaire, il ne pourra rien dire, ne devant à personne la communication de ses archives, retenu qu'il est par le secret professionnel. Si l'on se retourne vers les époux, ou bien il y aura fréquemment des froissements, des susceptibilités blessées, ou bien — car il faut tout prévoir — ils feront des réponses mensongères et l'on retombera dans les inconvénients que nous avons déjà signalés. Ne vaudrait-il pas mieux, par une mention dans l'acte de mariage, par exemple, rendre publiques les clauses essentielles du contrat de mariage des époux, quels qu'ils soient, commerçants ou non commerçants ? Nous le croyons.

Quel est maintenant le résultat obtenu par la femme dotale s'il y a eu dissimulation de son contrat de mariage ? Est-il entièrement inopposable aux tiers ? Non, c'est de l'inaliénabilité dotale seule que la femme ne peut se prévaloir vis-à-vis d'eux. Quant au reste, donations faites aux époux par les tiers, ou à l'un des époux par l'autre, consistance des apports, etc., tout cela est opposable aux tiers. C'est une réforme boiteuse et incomplète.

Et la sanction de l'article 1391 ? Est-ce une nullité ? une inopposabilité ? C'est simplement une amende déterminée par l'article 50 du Code civil, c'est-à-dire ne pouvant excéder 100 francs. Est-ce équitable ? est-ce suffisant ? Il faut peut-être distinguer ; mais ce sera plus aisé, nous le reconnaissons, en théorie qu'en pratique. Si c'est l'officier de l'état civil qui est coupable, soit parce qu'il n'a pas interpellé les époux, soit parce qu'il n'a pas mentionné sur ses registres leur réponse affirmative quant au contrat, il est juste que ce contrat ne soit pas inopposable aux tiers, car les époux ne sont en faute ni dans un cas ni dans l'autre. Dans la première hypothèse, on peut dire qu'ils ne sont pas obligés de connaître l'article 1391 du Code civil ; dans la seconde, ils ont fait ce que leur prescrivait la loi, contrairement à l'officier de l'état civil, qui a manqué à son devoir. Mais si l'officier a rempli ses obligations légales et si, sur son interpellation, les époux ont répondu par un mensonge, ne serait-il pas logique de leur en faire porter la peine ? Nous le croyons, mais la question est fortement controversée.

Reste à exposer la dernière critique, qui est faite à peu près par l'unanimité des auteurs, et à bon droit. Rattacher la publicité du contrat de mariage à celle de l'acte de mariage, c'est bien ; mais encore faudrait-il que l'acte de mariage lui-même reçût une publicité suffisante. Or il n'en a pas ; les tiers qui connaissent l'existence du mariage et le lieu où il a été contracté peuvent encore se renseigner, mais au cas contraire, il est souvent difficile, sinon impossible de savoir si un mariage a été célébré, et par là même s'il y a des conventions matrimoniales et ce qu'elles sont. Les conséquences d'une telle situation peuvent être graves : la bigamie reste possible, une femme mariée cachera son incapacité, un mari dissimulera l'hypothèque légale qui pèse sur ses biens. Tout cela n'arriverait pas si, au lieu de se confier, comme on y sera le plus souvent obligé, à la commune renommée, les tiers pouvaient, en se reportant à l'acte de naissance de la personne avec laquelle ils contractent, avoir les données suffisantes pour se renseigner. Si l'acte de naissance contenait la mention de l'acte de mariage, ce serait aisé, car on ne peut refuser de désigner le lieu de sa naissance.

Cette réforme va être opérée en 1897.

LOI DU 18 AVRIL 1886

Le divorce, aboli le 8 mai 1817, a été rétabli, nous le savons, le 27 juillet 1884. Mais en 1886 fut promulguée une loi nouvelle qui modifia sur certains points la législation existante. Cette loi nous intéresse à cause du progrès nouveau qu'elle a opéré dans le sens d'une publicité plus complète et mieux comprise.

L'article 250 du Code civil ordonne que la décision prononçant le divorce soit insérée par extrait « aux « tableaux disposés tant dans l'auditoire des tribunaux « civils et de commerce que dans les chambres des « avoués et des notaires…, dans l'un des journaux qui « se publient dans le lieu où siège le tribunal, ou s'il « n'y en a pas, dans l'un de ceux publiés dans le « département ».

Ce n'est pas tout : le dispositif du jugement prononçant le divorce doit être « transcrit sur les registres « de l'état civil du lieu où le mariage a été célébré. « Mention est faite de ce jugement ou arrêt en marge « de l'acte de mariage.... » (1).

Par malheur, la transcription est faite conformément aux termes de l'article 49 du Code civil, c'est-à-dire « à la diligence de la partie qui a obtenu le divorce », quand elle devrait être faite d'office. On est ainsi beaucoup moins sûr que la prescription de la loi sera observée ; si elle était faite d'office, l'officier de l'état civil serait responsable de son exécution à peine de poursuites, tandis qu'il n'en est pas de même au cas présent.

« Cette transcription est faite par les soins de l'offi- « cier de l'état civil, le cinquième jour de la réquisi- « tion, non compris les jours fériés, sous les peines « édictées par l'article 50 du Code civil. A défaut par « la partie qui a obtenu le divorce de faire la signifi- « cation dans le premier mois, l'autre partie a le droit, « concurremment avec elle, de faire cette signification « dans le mois suivant.

« A défaut par les parties d'avoir requis la trans- « cription dans le délai de deux mois, le divorce est « considéré comme nul et non avenu. Le jugement

____

(1) La décision doit être signifiée « dans les deux mois à partir du jour « où elle est devenue définitive, à l'officier de l'état civil compétent pour « être transcrite sur les registres... »

« dûment transcrit remonte, quant à ses effets entre
« époux, au jour de la demande ».

La fin de l'article doit être entendue au seul point
de vue des intérêts pécuniaires ; les autres effets ne
sont produits que du jour de la transcription du jugement ou de l'arrêt prononçant le divorce.

Nous l'avons déjà dit, la publication par affiches et
insertions est insuffisante ; la transcription sur les
registres et la mention en marge de l'acte de mariage
ne peuvent être utiles qu'aux seules personnes qui
connaîtront le lien du mariage ; quant à celles qui
l'ignoreront, elles n'en tireront aucun profit. Et
comme il sera difficile souvent d'attendre du divorcé
une déclaration, il peut en résulter une publicité inefficace. Il n'en faut pas moins constater qu'un progrès
certain a été réalisé sur la législation antérieure.

Depuis la loi de 1886, ce n'est plus l'officier de
l'état civil, c'est le tribunal qui prononce le divorce :
théoriquement, c'est peut-être une solution meilleure,
bien que le point ait été discuté ; en tout cas, c'est
pratiquement préférable, on évite ainsi les scènes
grotesques et scandaleuses qui, paraît-il, se sont
maintes fois produites devant le maire.

Il y a une autre innovation fort heureuse : l'époux
en faveur de qui avait été prononcé le divorce pouvait
seul, sous l'empire de la loi de 1884, en réclamer la
transcription, c'est-à-dire qu'il pouvait, en fait, forcer
son conjoint au rétablissement de la vie commune ;

désormais, au moins dans le deuxième mois à partir
du jour où la décision prononçant le divorce est
devenue définitive, les époux ont tous deux la faculté
de requérir la transcription. C'est certainement une
amélioration introduite dans notre Code.

On peut se demander à quoi sert la publicité du
divorce, puisqu'en somme les époux reprennent la
libre disposition de leurs biens.

Sans parler des personnes qui à raison de leurs
idées religieuses, réprouvent le divorce et ont ainsi
intérêt à connaître son existence si elles se disposent
à contracter mariage, il y a une utilité assez sérieuse
à certains points de vue, à rendre publique la prononciation du divorce.

Pour la femme, le divorce lui rend sa capacité
pleine et entière ; dans cet ordre d'idées la publicité
est inutile, c'est la femme elle-même qui divulguera
son divorce. Mais en est-il de même pour le mari ?
L'hypothèque légale ne grèvera plus ses biens, cela
est vrai. Mais il n'y a plus de biens de la communauté
à engager ; son crédit sera donc diminué d'autant, il
aura intérêt à ne pas parler du divorce. La publicité
de la loi de 1886 est ici des plus nécessaires.

Et la séparation de corps ? Les articles 872 et 880
du Code de procédure civile sont toujours applicables.
La transcription et la mention en marge ne sont donc
pas prescrites.

Est-ce équitable ? Au point de vue des intérêt moraux

que nous invoquions il n'y a qu'un instant pour le divorce, ils n'apparaissait plus ici : le mariage existe toujours. Au point de vue de la femme, tout comme dans le divorce d'ailleurs, la publicité n'est pas nécessaire, puisque la femme elle-même s'en chargera.

Mais quant au mari, il peut tromper les tiers en leur faisant croire à la survivance d'une communauté dissoute en réalité. Il semble donc indispensable de les avertir d'une façon officielle du véritable état des choses. On a bien répondu qu'ils n'avaient qu'à faire intervenir la femme au contrat pour prévenir les tentatives frauduleuses du mari. Est-ce une raison suffisante ? Nous l'avons déjà dit : de ce que les individus ne prennent pas assez de précautions, il ne s'ensuit pas que la loi ne doive pas les protéger.

En résumé, la loi du 18 avril 1886, malgré un réel progrès, n'assure au divorce qu'une publicité d'une efficacité restreinte.

LOI DU 6 FÉVRIER 1893

Etant donné une séparation de corps, les époux veulent se réconcilier. Que va-t-il arriver ? D'abord la séparation de corps a emporté séparation de biens. Quel effet va produire la réconciliation ? Effacera-t-elle de plein droit la séparation de biens ? Non, sous l'empire du Code civil. Inutile de la soumettre, par suite, à des mesures de publicité spéciales, puisqu'au point de vue de la capacité des époux, du mari comme de la femme, aucun changement ne se produit. L'art. 1449, qui précise les pouvoirs de la femme, reçoit son application après comme avant la réconciliation ; les intérêts des tiers ne sont pas en jeu. Pour faire revivre le régime de communauté, il faut aux époux passer acte « devant notaires et avec « minute, dont une expédition doit être affichée dans « la forme de l'art. 1445... »

Sous l'empire de la loi de 1893 il n'en est plus ainsi. La séparation de corps n'a plus les mêmes effets : la femme reprend « le plein exercice de sa capacité « civile, sans qu'elle ait besoin de recourir à l'autori- « sation de son mari ou de justice.... ». Mais la réconciliation des époux ne laisse pas subsister cet état de choses. La femme est replacée *de plein droit* sous la disposition de l'art. 1449, c'est-à-dire dans la situation d'une femme séparée de biens. Dès lors les tiers auront intérêt à être avertis de ce changement ; dès lors aussi une publicité spéciale est nécessaire pour rendre opposable aux tiers cette modification de capacité.

Le législateur de 1893 l'a si bien compris qu'il a exigé diverses formalités qui sont les suivantes :

« S'il y a cessation de la séparation de corps par la « réconciliation des époux, la capacité de la femme est « modifiée pour l'avenir et réglée par les dispositions « de l'art. 1449. Cette modification n'est opposable aux

« tiers que si la reprise de la vie commune a été cons-
« tatée par acte dressé devant notaire avec minute,
« dont un extrait devra être affiché en la forme de
« l'art. 1445, et de plus par la mention en marge : 1° de
« l'acte de mariage ; 2° du jugement ou de l'arrêt qui
« a prononcé la séparation, et enfin par la publication
« en extrait dans l'un des journaux du département
« recevant les publications légales ».

C'est là un nouvel acheminement, on ne saurait le discuter, vers le casier civil que nous préconisons, une nouvelle tendance à concentrer et à rassembler en un point unique des renseignements de plus en plus nombreux. Ce qui est regrettable, c'est que cet esprit d'unification ne s'exerce pas d'une façon complète au regard de l'acte même du mariage ; nous entendons par là que cet acte devrait à son tour être mentionné en marge de l'acte de naissance. Ce vœu sera d'ailleurs bientôt réalisé.

Une fois que les formalités de la loi ont été remplies, la réconciliation devient opposable aux tiers, et dans leurs rapports avec eux comme dans ceux qu'ils ont l'un avec l'autre, les époux sont régis par l'article 1449 ; si les formalités ont été omises, l'article 1449 ne s'applique que dans les rapports des époux entre eux, mais non plus à l'égard des tiers.

L'avantage est que, depuis 1893, les intéressés qui consultent l'acte de mariage ou le jugement de sépara-tion de corps, y trouvent la mention de la réconcilia-tion survenue entre le mari et la femme.

Et si les époux veulent rétablir leurs conventions matrimoniales primitives, le peuvent-ils ? Pourquoi non ? La loi de 1893 ne nous paraît pas l'avoir défendu : en effet l'article 311 nouveau, comme on l'a fait justement remarquer, n'abroge en rien l'article 1451. Il prévoit le cas d'une réconciliation pure et simple, tandis que l'article 1451 prévoit un retour aux primitives conventions matrimoniales ; l'article 311 ne touche pas à cette hypothèse, il laisse donc l'article 1451 recevoir sa pleine et entière application. Cela ne nous semble guère discutable, bien que ç'ait été discuté par divers auteurs.

L'article 311, qui ordonne l'accomplissement des mêmes formalités que l'article 1451, peut recevoir son application quand l'acte de réconciliation contient le rétablissement de la communauté. Si cette reprise des conventions matrimoniales se faisait par un acte séparé, il faudrait supposer que l'article 311 a déjà reçu son application, et que les formalités par lui ordonnées ont été remplies ; dès lors, jusqu'au moment où l'article 1451 aura reçu son exécution, les époux seront sous l'empire de l'article 1449, c'est-à-dire dans la situation d'époux séparés de biens ; une fois que l'acte où ils reprennent leurs conventions matrimoniales primitives aura été publié aux termes de l'article 1451, ce retour au premier contrat deviendra opposable aux tiers et aura effet *erga omnes*, sans que l'article 311 ait ici rien à voir.

La séparation de biens n'a pas été visée par la loi
du 6 février 1893 ; c'est fort à regretter, car les raisons
d'aviser les tiers de ces changements dans la capacité
étaient les mêmes dans les deux cas.

LOI DU 16 MARS 1893

L'article 501, alinéa premier du Code civil, s'exprime
ainsi en matière de publicité d'interdiction ou de
nomination d'un conseil judiciaire : « Tout arrêt ou
« jugement portant interdiction ou nomination d'un
« conseil sera, à la diligence des demandeurs, levé,
« signifié à partie et inscrit dans les dix jours sur les
« tableaux qui doivent être affichés dans la salle de
« l'auditoire et dans les études des notaires de l'arron-
« dissement ». Cette disposition a plusieurs inconvénients : d'abord la publicité est restreinte à l'arrondissement où a été rendue la décision portant interdiction
ou nomination de conseil ; ensuite elle est bien imparfaite et incomplète dans cet arrondissement lui-même,
et au bout d'un certain temps elle passe à l'état de
lettre morte ; enfin cet affichage n'est pas fait d'office,
mais à la diligence des demandeurs, ce qui est exclusif
de la même exactitude dans l'exécution.

Les dispositions de la loi du 16 mars 1893, complémentaires de cet article 501, s'appliquent également
à la nomination de conseil et à l'interdiction ; ce sont
les suivantes : « Un extrait sommaire du jugement

« ou arrêt sera en outre transmis par l'avoué qui
« l'aura obtenu, au greffe du tribunal du *lieu de*
« *naissance* du défendeur, dans le mois du jour où la
« décision aura acquis l'autorité de la chose jugée.
« Cet extrait sera mentionné par le greffier, dans un
« délai de quinze jours, sur un registre spécial dont
« toute personne pourra prendre communication et se
« faire délivrer copie. Le greffier, dans un nouveau
« délai de quinze jours, adressera à l'avoué un certi-
« ficat constatant l'accomplissement de cette forma-
« lité... » (art. 502, al. 2). L'avoué a donc en main
une preuve constatant l'exécution des obligations qu'il
devait remplir.

Voilà enfin une publicité bien entendue et comprise
d'une façon complète et sérieuse : ici la centralisation
se fait au lieu de naissance de l'individu et a, par
conséquent, toute son efficacité, que l'incapable change
ou non de domicile. Si à la question qui lui est posée
sur son lieu de naissance, il refuse de répondre ou
donne un renseignement inexact, le tiers qui voulait
traiter avec lui s'abstiendra ; au cas contraire, il
demandera un extrait du registre tenu au greffe du
tribunal et sera aisément renseigné sur la capacité de
l'individu.

Du reste, le législateur a prescrit un mode de coercition contre les greffiers et avoués négligents, en les
frappant d'une amende de 50 francs et en autorisant
contre eux l'allocation de dommages-intérêts. Cepen-

dant l'incapable peut invoquer son incapacité, et le tiers ne peut obtenir contre lui que des dommages-intérêts.

« A l'égard des individus nés à l'étranger, les déci-
« sions seront mentionnées dans les mêmes formes et
« délais, sur un registre tenu au greffe du tribunal de
« la Seine ; ce registre mentionnera également les
« décisions relatives aux individus nés dans les colo-
« nies françaises, indépendamment du registre qui
« sera tenu au greffe de leur lieu d'origine.... »
(Art. 501, al. 3).

Cet alinéa consacre en partie le système d'un casier civil central tenu au greffe du tribunal de la Seine, c'est un point à noter.

Quant à l'étranger interdit ou pourvu d'un conseil judiciaire dans son pays, peut-il invoquer son incapacité en France ? Oui, car cela touche à son statut personnel. On soutient cependant en jurisprudence que le Français traitant avec un étranger et n'ayant pû connaître l'incapacité de cet étranger, peut échapper aux conséquences de l'incapacité de ce dernier.

La loi du 16 mars 1893 n'a pas seulement modifié l'article 501 du Code civil, elle a aussi modifié et transposé les articles 896 et 897 du Code de procédure.

Art. 896. — « Le jugement qui prononcera défense
« de plaider, transiger, sans assistance du conseil,
« sera affiché et inscrit au greffe dans la forme pres-
« crite par l'article 501 du Code civil ». Les greffiers

comme les notaires seront donc ici astreints à l'affichage.

L'article 897 soumet les demandes en main-levée
d'interdiction ou de conseil aux mêmes formalités de
publicité que les demandes en interdiction ou en
dation de conseil.

L'ancien art. 897 ne parlait que de la main-
levée du conseil judiciaire ; le nouveau texte dé-
crète les mêmes formalités pour la main-levée de
l'interdiction.

Fallait-il donner à la loi un effet rétroactif? On eût
pû le faire, car on n'eût lésé aucun intérêt et
d'autre part ç'eût été relativement facile, à cause du
nombre assez restreint des deux classes d'incapables.
Pourquoi ne l'a-t-on pas fait ? C'est que la difficulté
eût été grande de faire parvenir les mentions au lieu
d'origine, et en effet les tableaux ne font pas connaître ce lieu, non plus bien souvent que les jugements. Il y aurait eu un danger véritable à retirer à
des incapables la protection qu'on leur avait accordée,
sous prétexte que leur nom ne figurait pas sur le
registre du greffe de leur lieu de naissance ; d'autre
part, les tiers qui avaient traité de bonne foi avec ces
incapables non mentionnés sur la liste, avaient droit
à des égards, et il aurait été injuste de leur faire subir
les conséquences d'une incapacité qu'ils avaient ignorée.

Le décret du 9 mars 1893 règle la tenue du registre
du greffe et les honoraires des officiers ministériels.

Comme le fait remarquer M. Theureau, on a fait encore un pas vers le casier civil en ordonnant pour la tenue des registres « de suivre les règles adoptées « par les instructions ministérielles pour la formation « du casier judiciaire. C'est ainsi qu'il a semblé « nécessaire de mentionner au registre les émanci- « pations que contient aujourd'hui le bulletin n° 2 du « casier pour faire connaître la décision intervenue et « l'individualité de la personne qui en est l'objet ».

Cette centralisation sera encore considérablement renforcée par la loi du 17 août 1897 au regard de l'acte de mariage ; la réforme opérée est éminemment utile et avantageuse pour tous.

LOI DU 8 JUIN 1893

Tous les actes ne sont pas passés en France ; il en est reçu aussi soit à l'étranger, soit à l'armée, soit dans les lazarets, prisons ou hôpitaux, soit enfin sur les navires au cours d'un voyage sur mer.

Quant aux actes *reçus à l'étranger,* il y a deux hypothèses possibles, réglées par les articles 47 et 48.

On peut (art. 48) les passer conformément aux lois françaises, par l'entremise des consuls ou des agents diplomatiques. Ces fonctionnaires doivent, aux termes de l'article 2 *in fine* de l'ordonnance du 23 août 1833, envoyer au ministère des Affaires étrangères une expédition des actes par eux dressés. La loi du 8 juin

1893 a ajouté : « Un double des registres de l'état
« civil tenu par ces agents sera adressé à la fin de
« chaque année au ministère des Affaires étrangères,
« qui en assurera la garde et pourra en délivrer des
« extraits ».

C'est encore une sorte de casier central où les intéressés peuvent puiser les renseignements qui leur sont
nécessaires ; car si, comme cela se fit au début, les
actes restaient aux mains de nos consuls ou agents
diplomatiques, il serait bien malaisé d'y opérer des
recherches ou d'en avoir des expéditions.

On peut aussi passer les actes avec les formes
usitées dans le pays où ces actes sont reçus ; la règle
Locus regit actum trouve ici son application, et dans
ce cas l'obligation imposée par l'article 47 *in fine* n'a
plus de raison d'être, car les autorités locales n'ont
pas d'ordre à recevoir de la France.

Faut-il en conclure qu'il n'est pas possible d'avoir
connaissance chez nous des actes dressés en cette
forme ? Non, la preuve en est dans la fin de l'article 47 : « Lorsqu'un de ces actes concernant des
« Français sera transmis au ministère des Affaires
« étrangères, il y restera déposé pour en être délivré
« expédition ». On ne pouvait imposer la centralisation dans les bureaux du ministère des Affaires
étrangères à des agents qui ne sont pas les nôtres ;
mais le ministère garde en dépôt les actes qui lui sont
transmis.

Deux cas sont donc à prévoir : ou les agents étrangers voudront bien envoyer en France expédition des actes reçus dans le pays, ou bien ils ne le feront pas : dans ce dernier cas, il ne reste que la ressource de l'emploi des voies diplomatiques. On avait émis le vœu que notre ministère des Affaires étrangères fît auprès des gouvernements étrangers des démarches pour obtenir d'eux, à charge de réciprocité, la communication obligatoire des actes de l'état civil relatifs aux Français, dressés en pays étranger ; la France donna l'exemple pour les actes de décès ; il y a eu des conventions passées avec divers pays, notamment avec l'Italie, la Belgique, etc. Et maintenant l'officier de l'état civil du lieu de naissance ou du dernier domicile reçoit, envoyée d'office et sans frais, par les agents de ces États, copie des actes que ceux-ci ont passés concernant nos nationaux.

Mais il faudrait que ces conventions fussent généralisées, et il s'en faut qu'il en soit ainsi. Même pour les pays avec lesquels nous avons passé de ces traités diplomatiques, la publicité n'a pas encore pris l'extension qui semblerait désirable ; nous ne recevons guère que les trois actes concernant les événements principaux de la vie, la naissance, le mariage et le décès. Par exception, la Belgique, dont le traité avec nous remonte au 25 août 1876, a compris dans la convention les actes de légitimation et de reconnaissance d'enfants naturels inscrits dans les actes de mariage.

Quant aux « actes de l'état civil concernant les mili-
« taires, les marins de l'Etat et les personnes em-
« ployées à la suite des armées », on suit pour eux les
règles du droit commun, sauf hors de France et
dans les circonstances prévues par l'article 93. Suivant
les cas, les actes sont reçus par des autorités diverses.
Les articles 95 et 96 réglementent la tenue des registres, la qualité des fonctionnaires par lesquels ils sont
cotés et paraphés ; ces registres, une fois arrêtés, sont
adressés au Ministère de la Guerre pour être déposés
aux archives de son département ministériel.

ART. 94. — « Dans tous les cas prévus à l'article
« précédent, l'officier qui aura reçu un acte en trans-
« mettra, dès que la communication sera possible et
« dans le plus bref délai, une expédition au Ministère
« de la Guerre ou de la Marine, qui en assurera la
« transcription sur les registres de l'état civil du der-
« nier domicile du père, ou si le père est inconnu, de
« la mère, pour les actes de naissance ; du mari pour
« les actes de mariage ; du défunt pour les actes de
« décès. Si le lieu du dernier domicile est inconnu, la
« transcription sera faite à Paris ».

ART. 97. — « Lorsqu'un mariage sera célébré dans
« l'une des circonstances prévues à l'article 93, les
« publications seront faites au lieu du dernier domi-
« cile du futur époux ; elles seront mises en outre,
« vingt-cinq jours avant la célébration du mariage,
« à l'ordre du jour du corps, pour les individus qui

« tiennent à un corps, et à celui de l'armée ou du
« corps d'armée, pour les officiers sans troupes et
« pour les employés qui en font partie ».

Les dispositions de la loi de 1893 s'appliquent aux
reconnaissances d'enfants naturels.

L'article 80 prévoit le cas de décès dans « les hôpi-
« taux ou formations sanitaires, les hôpitaux mari-
« times, coloniaux, civils, ou autres établissements
« publics, soit en France, soit dans les colonies ou les
« pays de protectorat ; l'officier de l'état civil, pré-
« venu dans les vingt-quatre heures, dressera l'acte et
« enverra dans le plus bref délai à l'officier de l'état
« civil du dernier domicile du défunt, une expédition
« de cet acte, laquelle sera immédiatement transcrite
« sur les registres ».

Reste le cas des actes reçus au cours d'un voyage
maritime. Ce mot « maritime » a remplacé les mots
« en mer », car les officiers de bord n'avaient primitivement de compétence qu'en pleine mer et ne l'avaient
pas par conséquent dans les voyages d'un port de
rivière à une rade ou à la mer ; c'était pourtant nécessaire, car au cas d'escale il peut y avoir impossibilité
absolue de communiquer avec la terre ; aussi la Commission de 1892 a-t-elle compris ces hypothèses
diverses dans ce terme : « voyage maritime » ; du
moment que dans un port, on ne peut communiquer
avec la terre, l'officier de bord est compétent.

Les actes de naissance sont dressés (art. 59) dans

les trois jours de l'accouchement ; il en est de même au cas d'impossibilité de communiquer avec la terre, si la naissance a lieu « pendant un arrêt dans un « port ». Ces mots ont remplacé le mot de « relâche », qui à juste titre semblait trop restreint, ne comprenant que l'entrée accidentelle dans un port, imposée par force majeure et non par un arrêt pour cause quelconque.

Quant aux décès (art. 86 et suivants) ils sont constatés de même et acte en est dressé dans les vingt-quatre heures. Au cas où les personnes inscrites au rôle de l'équipage tombent à l'eau sans que leur corps puisse être retrouvé, un procès-verbal de disparition est dressé par l'autorité compétente du bord. « En cas de présomption de perte totale d'un bâtiment « ou de disparition d'une partie de l'équipage ou des « passagers, s'il n'a pas été possible de dresser les « procès-verbaux de disparition prévus à l'article « précédent », le Ministre de la Marine, après enquête, déclare la présomption de perte du bâtiment ou de la disparition de l'équipage ou des passagers.

Il y a dans les mêmes conditions déclaration de présomption de décès à l'égard des militaires ou marins morts aux colonies, dans les pays de protectorat ou dans les expéditions d'outre-mer, quand il n'a pas été dressé d'acte de décès régulier.

Les déclarations sus-visées peuvent être transmises

par le Ministère de la Marine au Procureur général du ressort soit du dernier domicile du défunt, soit du port d'armement du bâtiment, soit du lieu du décès, et ce magistrat est requis de poursuivre d'office la constatation judiciaire des décès.

Les actes reçus en voyage maritime sont transcrits à la suite du rôle de l'équipage ; un registre spécial a semblé inutile. On en dresse deux expéditions, qui sont remises au premier port où le navire aborde pour toute autre cause que celle de son désarmement ; l'une est déposée aux archives du Consulat ou du bureau de l'Inscription maritime ; l'autre est adressée au Ministère de la Marine qui la fait parvenir à l'officier de l'état civil du dernier domicile, si on peut le trouver ; cette expédition est transcrite sur les registres de l'état civil. Si le domicile reste introuvable, ou s'il est hors de France, on fait la transcription à Paris.

Nous arrivons maintenant à une loi capitale en notre matière, la loi du 17 août 1897.

LOI DU 17 AOUT 1897

C'est à M. Michelin, en l'année 1894, que revient l'initiative de cette loi ou du moins de celle de ses dispositions qui ordonne la mention de l'acte de mariage en marge de l'acte de naissance. M. Michelin pour faire aboutir son projet, invoquait la possibilité de la bigamie, à défaut par le législateur d'avoir établi une publicité sérieuse. Ce vice de la législation n'a pas qu'un inconvénient, disait-il ; il permet de laisser ignorer aux tiers avec lesquels on cherche à traiter, — la femme, son incapacité comme femme mariée, — le mari, l'existence de l'hypothèque légale qui grève ses biens. La loi de 1850 offre une garantie insuffisante : elle produit un effet si les époux remettent à l'officier de l'état civil le certificat qui leur a été délivré par le notaire, mais son but est manqué quand ils se disent célibataires.

Il suffirait donc, ajoutait-il, que l'officier de l'état civil fût forcé de faire mention du mariage en marge de l'acte de naissance ; ou s'il n'avait pas entre ses mains les registres, l'individu étant né dans une autre commune, qu'il dût dans les trois jours, donner avis de la célébration au Procureur de la République de son arrondissement ; celui-ci, dans un nouveau délai de trois jours, le ferait parvenir au Procureur de la République de l'arrondissement où se trouve le lieu de naissance des époux, et là, mention serait faite sur les registres.

En 1894 et en 1897, M. Guérin fit deux rapports dans le même ordre d'idées, sur le même objet, et aussi sur la légitimation et la reconnaissance des enfants naturels. Il constatait que les mentions ordonnées n'étaient opérées d'office qu'au cas où l'officier de l'état civil détient le registre où elles doivent être consignées ; or la nécessité est la même au cas contraire,

et pourtant il faut pour l'obtenir adresser une requête
à l'officier compétent, avec expédition sur timbre et
enregistrée de l'acte de naissance ou de l'acte de
mariage portant légitimation ; c'est fort gênant et fort
coûteux.

La loi, après avoir été prise en considération en
1894, fut votée par le Sénat et revint devant la Chambre
des députés ; là, M. Michelin déposa un second rapport
dans lequel il approuvait le vœu qu'émettait le Sénat
de généraliser la proposition de faire inscrire obligatoirement et d'office toutes les mentions à opérer en
marge d'un acte déjà inscrit sur les registres. La loi
fut adoptée le 10 juillet 1897 et promulguée le
17 août 1897.

Cette loi modifie plusieurs articles de notre Code
civil dans des titres différents.

D'abord l'article 49 qui, actuellement, est ainsi
conçu :

« Dans tous les cas où la mention d'un acte relatif
« à l'état civil devra avoir lieu en marge d'un acte
« déjà inscrit, elle sera faite d'office... ».

C'est une modification importante et heureuse au
premier chef. En fait, nous venons de le dire, les officiers de l'état n'inscrivaient d'eux-mêmes les mentions
que lorsqu'ils étaient détenteurs des registres où elles
devaient être consignées ; sinon, ils envoyaient expédition de l'acte à ceux de leurs collègues qui devaient
faire ces inscriptions.

Mais fatalement certains droits étaient perçus ; le Bulletin officiel du Ministère de la Justice nous apprend comment se faisait cette perception : supposons un mariage suivi d'un divorce ; les droits étaient perçus sur l'expédition de l'acte de mariage contenant en marge la mention du divorce. Malgré la simplicité de cette pratique, une décision du Ministre des Finances, sur les réclamations de l'Administration, condamna cette manière de faire et ordonna de reprendre la stricte application de l'ancien article 59 du Code civil. L'inscription d'office continua seulement à se faire quand la mention était inscrite dans la commune même où l'acte avait été reçu ; on l'autorisait sans frais pour les indigents.

En présence de ces difficultés, on fit ce qu'on aurait dû faire plus tôt : la loi de 1897 posa d'une manière générale le principe que l'inscription, toutes les fois qu'elle devrait être faite, s'opérerait d'*office*.

Les deux derniers alinéas de l'article 49 indiquent la procédure à suivre par l'officier de l'état civil :
« Celui qui aura dressé ou transcrit l'acte donnant « lieu à mention, effectuera cette mention dans les « trois jours, sur les registres qu'il détient. Dans le « même délai, il adressera un avis au Procureur de « la République de son arrondissement, et celui-ci « veillera à ce que la mention soit faite d'une façon « uniforme, sur les registres existant dans les archives « des communes ou des greffes, ou dans tous autres « dépôts publics ».

Le défaut de cet article, on en a fait souvent et justement la remarque, est qu'il parle des mentions des seuls actes qui existent sur les registres de l'état civil, et nullement des actes qui n'y figurent pas, et il en est plusieurs, notamment les suivants :

1° Une adoption, par exemple ; l'article 359 du Code civil édicte cependant :

« Dans les trois mois qui suivront ce jugement (le « jugement admettant l'adoption), l'adoption sera « inscrite, à la réquisition de l'une ou de l'autre des « parties, sur le registre de l'état civil du lieu où « l'adoptant sera domicilié... ».

Cet acte ne sera pas inscrit, à la différence de la reconnaissance et de la légimitation, en marge de l'acte de naissance de l'adopté. Pourquoi? on peut avoir un intérêt sérieux à savoir si telle personne est adoptée par telle autre.

2° Une reconnaissance d'enfant naturel : si elle est faite par acte notarié, cette conjoncture reste en dehors des termes de la loi ; ni le père, ni le notaire ne sont tenus d'en faire opérer mention. Pourquoi encore ? La loi est donc assurément insuffisante et contient des lacunes fâcheuses.

D'autres exemples seraient aisés à trouver (1), qui prouveraient qu'elle est loin d'avoir tout prévu ; mais il n'en reste pas moins vrai qu'elle a fait un grand

____

(1) En cas de réconciliation des époux après une séparation de corps ; l'acte n'étant pas reçu par l'officier de l'état civil, n'est pas prévu par notre loi et n'est mentionné qu'à la requête des parties intéressées.

pas vers le progrès et il faut en tenir compte au législateur : il est difficile dans une première loi de dicter une disposition qui comprenne tous les cas.

L'article 49 n'est pas le seul auquel ait touché notre texte : l'article 76 du Code civil a été complété par la loi de 1897.

Dans la législation du Code civil, cet article était manifestement insuffisant, et M. Michelin, dans ses divers rapports, a bien nettement exposé les facilités qui étaient données aux époux de dissimuler leur mariage, soit à l'effet de tromper les contractants sur l'importance de leur crédit, soit à l'effet de célébrer une nouvelle union avant l'anéantissement de la première. Il y avait bien les publications, mais c'était un moyen insuffisant, par le peu d'étendue de leur foyer de rayonnement et par la fragilité des preuves qu'elles apportaient.

De nos jours la bigamie est devenue pratiquement impossible, car l'art. 76 *in fine* contient la disposition suivante : « Il sera fait mention de la célébration du « mariage en marge de l'acte de naissance des époux ». L'officier de l'état civil, en se faisant remettre l'acte de naissance des époux (art. 70 nouveau), y verra aisément si un ancien mariage a été célébré qui n'est pas dissous, et s'il le faut, il se refusera à la célébration de celui que l'on se propose de contracter devant lui.

Hors le cas où l'officier aurait omis la mention

marginale, cas théoriquement improbable, la bigamie devient donc impossible.

Mais, objectera-t-on, on peut présenter une expédition de l'acte délivrée antérieurement à la célébration du premier mariage ; la loi du 17 août 1897 a prévu le cas et voici ce qu'elle a édicté :

ART. 70 NOUVEAU. — « L'officier de l'état civil se « fera remettre l'acte de naissance de chacun des « futurs époux. Cet acte ne devra pas avoir été délivré « depuis plus de trois mois, s'il a été délivré en « France, et depuis plus de six mois, s'il a été délivré « dans une colonie ou dans un consulat.... »

Et pour assurer l'entière exécution de la disposition qui précède, l'article 45 porte : « Ils (les extraits déli- « vrés conformes aux registres) porteront en toutes « lettres la date de leur délivrance ».

Ainsi, à moins que dans un aussi court délai, ce qui n'est pas supposable, deux mariages soient successivement contractés, le législateur a tout prévu ; et il a ainsi, en se rapprochant de l'idée d'un casier civil, réalisé un énorme progrès et comblé une importante lacune.

Nous l'avons dit, le but de la nouvelle loi est double : la bigamie est rendue pour ainsi dire impossible, et d'autre part les tiers qui voudront traiter avec l'un des époux, sans savoir si celui-ci est ou non marié, auront un moyen facile de se renseigner sur son état : lui demander son lieu de naissance. Comme le mariage est mentionné dans les six jours sur les registres de l'état civil, ils sont également prémunis contre la fraude. La loi ne pouvait pas impartir un délai plus court pour l'inscription de la mention : il faut le temps matériel pour la faire.

L'article 331 du Code civil est relatif à la légitimation des enfants naturels. *Alinéa premier* : « Les enfants « nés hors mariage, autres que ceux nés d'un com- « merce incestueux ou adultérin, pourront être légi- « timés par le mariage subséquent de leur père et mère, « lorsque ceux-ci les auront légalement reconnus avant « leur mariage, ou qu'ils les reconnaîtront dans l'acte « même de célébration ».

Moyennant l'accomplissement de ces formalités, la légitimation s'opère de plein droit. Or, antérieurement, que l'acte de reconnaissance eût été reçu par l'officier de l'état civil, un notaire ou un fonctionnaire public compétent, l'enfant qui voulait prouver sa légitimation avait de nombreuses recherches à faire, car il lui fallait obtenir : son acte de naissance, l'acte constatant sa reconnaissance, et l'acte de mariage de ses père et mère.

La loi de 1897 a simplifié tout cela : « Il sera fait « mention de la légitimation en marge de l'acte de « naissance de l'enfant légitime ». Ainsi plus d'inves- tigations longues, coûteuses et qui n'aboutissaient pas toujours au résultat cherché ; elles sont remplacées par une mention d'office opérée sur le seul acte qui soit nécessaire, l'acte de naissance de l'enfant.

Donc en résumé, dans la loi du 17 août 1897, progrès indiscutable. Le casier civil n'est pas établi, mais du moins on s'en rapproche. L'acte de naissance contient en sa marge, sous forme de mention :

1° L'acte de reconnaissance de l'enfant naturel (art. 62) ;

2° La légitimation de cet enfant (art. 331 (1) ;

3° L'acte de mariage des époux (art. 76).

N'en concluons pas que notre législation soit parfaite. Il eût été assurément désirable qu'on n'exigeât pas uniquement la mention des actes inscrits sur les registres de l'état civil.

Or, on peut notamment critiquer ce qui se fait pour la reconnaissance de l'enfant naturel passée par acte notarié.

Le législateur s'est occupé de faire mentionner en marge de l'acte de naissance la reconnaissance reçue par l'officier de l'état civil ; mais pour les autres cas, le Code n'a pas osé s'attaquer au droit qu'ont les parents de ne pas dévoiler une reconnaissance qu'ils ont consentie secrètement. On a répondu, nous le savons, à cette objection en disant que la reconnaissance pourrait être rendue publique

---

(1) D'autre part le divorce (art. 251) et la réconciliation des époux survenue après une séparation de corps (art. 311) sont mentionnés en marge de l'acte de mariage. Enfin, la rectification intervenue relativement à un acte de l'état civil (art. 101) est mentionnée en marge de l'acte réformé. Voilà un faisceau de renseignements qui prouve une tendance progressive à réaliser ce qui fait l'objet de notre étude.

tout en laissant ignorer le nom de celui qui l'a faite.

La loi, a-t-on dit aussi, a voulu consacrer le principe du secret professionnel chez les officiers ministériels, et en ce qui concerne leurs archives, par exemple dans le cas prévu par la loi du 10 juillet 1850, ne pas exiger sur le certificat notarié, l'indication du contrat de mariage passé par les époux.

A-t-elle eu raison ? Il nous semble que l'intérêt général domine les considérations d'ordre privé.

Enfin, lacune malheureuse, le législateur, soit dans le Code civil, soit dans la loi de 1897, n'a rien dit des actes de décès ; on les a complètement isolés, oubliant que souvent on ne meurt pas où l'on est né. Il est pourtant utile de connaître rapidement l'époque et le lieu du décès de la personne dont on hérite ; il ne l'est pas moins de savoir, quand on se marie, la date et le lieu de décès des parents dont on est obligé de rapporter le consentement (1).

Le législateur de 1897 n'aurait eu qu'à exiger pour ces actes ce qu'il a ordonné pour les actes de mariage : la mention en marge de l'acte de naissance.

Cet acte de naissance devrait même être le point unique où viendraient se concentrer les mentions de tous les actes relatifs à l'état civil des personnes, et

____

(1) Bien que d'ailleurs, depuis le 20 juin 1896, on puisse passer outre à la célébration quand les époux déclarent par serment qu'ils ne savent pas le lieu du décès ni celui du dernier domicile de leurs ascendants.

l'on ne devrait pas, comme on le fait de nos jours encore, en reporter quelques-unes uniquement en marge de l'acte de mariage, et d'autres au greffe du lieu de naissance.

Nous allons à présent discuter les moyens proposés pour atteindre le résultat idéal que nous poursuivons.

CHAPITRE III

Parler de centralisation, c'est vite fait. Encore faut-
il pour l'obtenir, user de moyens pratiques et de
nature à conduire au résultat cherché. Ce n'est pas si
aisé que l'on pourrait le croire ; notre législation,
malgré sa marche progressive, en est une preuve
éclatante. Nombre de lois ont été faites qui ont pro-
curé des améliorations dont on ne saurait méconnaître
la portée ; cependant, on ne le saurait nier non plus,
la concentration qu'on a obtenue n'est, au point de
vue de la publicité, évidemment pas suffisante et la
plupart du temps ne sert qu'à ceux qui connaissent
d'avance l'existence des actes dont ils demandent la
communication intégrale.

Ne peut-on se figurer un tableau où le peintre
aurait jeté des objets divers, détails intéressants en
soi, mais sans lien, sans cohésion, sans le fond unique
et nécessaire qui les unit les uns aux autres, et forme
du tout un ensemble rationnel et homogène. C'est
l'image de notre législation en matière de publicité :

on y rencontre des lois utiles, mais non cette idée de
suite, cette simplification de prescriptions qui sont
comme la base et la condition nécessaire d'une œuvre
parfaite et véritablement utile. Que de difficultés d'ailleurs à surmonter !

On est généralement d'accord sur la question de
savoir si la concentration doit être augmentée ; mais
dans quelles proportions ? Faut-il comprendre les seuls
actes relatifs à l'état civil, faut-il englober tous ceux
qui ont trait, d'une façon plus large, à l'état des
personnes ?

Faut-il, d'un autre côté, n'avoir qu'un lieu de centralisation pour la France entière, ou bien faut-il, au
contraire, préférer le système de la pluralité et, dans
ce dernier cas, le lieu du dépôt des renseignements
doit-il être le lieu de naissance ou celui du domicile ?
Doit-on le placer dans un centre plus important, au
chef-lieu de l'arrondissement ou du département ?

Qui enfin sera chargé d'opérer cette centralisation
au moyen d'inscriptions sur des registres ? Sera-ce le
conservateur des hypothèques, le receveur de l'enregistrement, le greffier ou l'officier de l'état civil ?

Autant de questions controversées que nous discu-
terons en leur lieu et place.

Examinons tout d'abord s'il convient de prescrire
un dépôt unique pour tout le territoire. On peut être
séduit par l'idée de réunir en un seul lieu et d'avoir
sous la main tous les renseignements relatifs à l'en-

semble des citoyens. En fait, le moyen n'est pas pratique. Former un centre de renseignements pour plus de trente millions d'habitants n'amènerait qu'un encombrement effroyable de documents, où l'on aurait grand'peine à se retrouver. Ne serait-ce pas de plus s'exposer témérairement à des pertes faciles et irréparables, par suite de vol, d'incendie, d'accidents de toutes natures ? On a pensé à prévoir ces inconvénients par une multiplication des dépôts.

Où seraient ces divers points de centralisation ? Cette question se rattache à celle de savoir quels fonctionnaires on chargerait d'inscrire et de garder les renseignements. On en a proposé plusieurs.

On a parlé du conservateur des hypothèques ; le premier qui a mis ce projet en avant fut M. Hébert, notaire à Rouen (1) — M. Morel, dans une proposition de loi déposée le 5 février 1887 sur le bureau de la Chambre des députés relativement à la création d'un casier civil, voulait également confier la tenue et la garde des casiers aux conservateurs ou receveurs-conservateurs des hypothèques, au chef-lieu d'arrondissement du lieu de naissance, car, disait-il « les « extraits du casier civil seront principalement requis « par les notaires, et le plus souvent à propos d'actes « suivis de formalités hypothécaires. Les notaires « trouveront ainsi dans le même bureau tous les docu-

______

(1) V. HÉBERT, *De l'utilité d'un système général d'immatriculation des hommes, des immeubles, et de quelques autres points se rattachant au notariat*, Rouen, 1844-1846.

« ments relatifs aux affaires nombreuses et importantes
« qui leur sont confiées ». Il semble que ce serait
imposer aux conservateurs un nombre énorme de
registres et un travail considérable d'écritures. On
obtiendrait en même temps, il est vrai, un extrait du
casier civil et un certificat d'inscriptions hypothécaires.
Mais dans bien des cas ne serait-ce pas inutile ? D'ailleurs, le conservateur des hypothèques n'a à sa disposition que des registres de transcription ou d'inscription
et ces registres ne renferment que les noms des possesseurs de droits réels portant sur les immeubles de
l'arrondissement, sans que ces personnes soient nécessairement originaires de cette même circonscription
territoriale. Les registres ne sauraient donc servir à
l'établissement d'un casier civil, qui doit renfermer
les noms des personnes nées dans l'arrondissement.
Mieux vaut évidemment chercher ailleurs.

M. Loreau, dans son « *Traité du Crédit Foncier* »,
(1849), avait conseillé de confier les mêmes attributions
au Receveur de l'Enregistrement ; il voulait supprimer
les conservateurs des hypothèques, et les remplacer,
en ce qui touche la publicité de l'état, des incapacités
et du crédit immobilier des personnes, par les Receveurs
de l'Enregistrement. Mais actuellement ces receveurs
n'ont ni le maniement des registres de la propriété
immobilière, ni celui des registres de l'état civil.
Prîssent-ils d'ailleurs la place des conservateurs, que
la question ne ferait pas un pas ; on retomberait dans

les inconvénients déjà signalés. Pourquoi étendre illogiquement la compétence de ces agents et leur imposer
des travaux pour lesquels ils n'ont pas été créés ?

Il ne reste plus à choisir qu'entre deux classes de
fonctionnaires : l'officier de l'état civil ou le greffier du
tribunal de première instance de l'arrondissement du
lieu d'origine.

En ce qui concerne l'officier de l'état civil, il
semble qu'il n'y faut pas penser ; ce serait surcharger
de besogne un fonctionnaire qui n'est pas salarié. On
a répondu que, pour la délivrance de chaque extrait,
on pourrait exiger une minime redevance dont une
partie constituerait le profit du gardien du dépôt. Ce
serait possible, mais on ne réfléchit pas qu'on ferait
peser sur la tête d'un fonctionnaire peu rétribué une
bien lourde responsabilité. En fait, on n'arriverait
jamais à un résultat pratique, car si dans les villes les
officiers d'état civil sont suffisamment instruits et
trouvent dans les bureaux de leur mairie des auxiliaires
précieux, il n'en est pas de même dans les petites
communes où le service de l'état civil, tel qu'il est
réglementé à présent, se fait d'une façon fort irrégulière et souvent très imparfaite.

Le seul fonctionnaire qui paraisse possible serait donc
le greffier : il a à sa disposition un double des registres
concernant les personnes nées dans les communes de
l'arrondissement, il est par suite, quant à l'arrondissement tout entier, aussi renseigné que l'officier de

quant à l'état civil sa commune Il est vrai que les registres de l'année courante lui feront défaut, mais il n'y aura guère de mentions à faire que relativement à des personnes âgées de plus d'un an. Les registres de naissance relatifs aux personnes dont la capacité a été modifiée se trouvent dès à présent entre les mains du greffier, et ce fonctionnaire a reçu une instruction et possède une expérience plus complètes de ce genre de travaux ; il y procédera d'une façon plus méthodique et plus régulière.

Voici le moment de répondre à la question que nous posions plus haut : Où fixerait-on les divers lieux de centralisation des renseignements concernant l'état et la capacité des individus ? Au greffe de l'arrondissement *où se trouve le lieu de naissance ;* les renseignements seraient moins éparpillés que si le classement se faisait par commune, et l'on n'aurait pas l'entassement redoutable que présenterait un dépôt unique.

Nous avons prononcé les mots de « lieu de naissance » ; la question a été et est encore vivement discutée de savoir si la centralisation doit s'opérer au lieu de naissance ou à celui du domicile : dans les cas de transcription qu'ont prévus les termes du Code civil, elle s'opère au lieu du domicile de chaque intéressé. Mais il nous semble aisé de montrer combien est peu pratique et peu sûr le choix du législateur : le lieu du domicile n'est pas le même pour une personne pendant le cours de son existence ; il tend souvent à

se modifier à mesure que se multiplient les relations
et les obligations industrielles et commerciales, et
qu'augmentent la facilité et la rapidité des communications. Le lieu de naissance au contraire, est nécessairement fixe et unique ; on peut le choisir sans
crainte.

Ainsi se trouvent tranchées, ce nous semble, quelques
questions préparatoires qu'il nous était indispensable
d'élucider.

Nous abordons maintenant la question classique de
savoir quels sont les moyens pratiques d'opérer une
bonne centralisation. Trois systèmes ont été proposés :

1° Celui de la *transcription*, pour tous les actes.
Les actes concernant un même individu seraient
transcrits en entier sur les registres d'un même lieu ;
l'avantage serait le suivant : au lieu de simples indications sur les mentions du registre, on trouverait ces
mentions elles-mêmes en entier, on aurait la possibilité
de se les faire communiquer et d'en prendre copie.

2° Celui du *casier civil* proprement dit. Ce système
serait l'opposé du précédent : chaque individu aurait
un casier dans lequel seraient alphabétiquement
classées des fiches mobiles contenant de simples
renseignements. On aurait ainsi successivement les
renseignements divers concernant une personne.

3° Celui du *bulletin ou tableau complémentaire
d'état civil et de filiation*. Ce serait un tableau contenant la mention de tous les actes qu'il serait nécessaire

de connaître en dehors de l'acte de l'état civil auquel serait annexé ce tableau, sauf à préciser de quelle façon serait opérée cette mention.

Avant d'apprécier dans leurs détails ces différents systèmes, il nous faut dire un mot des *livrets de famille*. Il y avait à Rome quelque chose d'à peu près similaire, et dans notre ancien droit on rencontre ce qu'on appelait les *livres de raison*, livres qui étaient dénués d'ailleurs de toute espèce d'authencité.

La pratique des livrets de famille a été introduite chez nous par un vote du Conseil municipal de Paris après la guerre de 1870, lorsque l'on voulut reconstituer les registres d'état civil. Une circulaire du garde des sceaux Dufaure approuva ce vote le 18 novembre 1876 ; la généralisation en fut recommandée en 1882 par le Ministre de l'Intérieur. Enfin l'art. 136 de la loi du 5 avril 1884 déclara obligatoires pour les communes les frais de ces livrets tout comme les frais occasionnés par les registres de l'état civil.

C'est lors de la célébration du mariage que ce livret est remis à l'époux. Il est destiné à recevoir diverses mentions : mariage et décès des époux, naissance des enfants. Ce sont les seules qui y figureront : les reconnaissances d'enfants naturels n'y sont pas consignées. Ce livret étant remis à propos du mariage, ne contient que les faits qui affectent l'état de la personne à raison du mariage même et par suite il ne s'applique pas aux célibataires. Il pourrait cependant rendre des services, dans des limites d'ailleurs assez restreintes.

Ceci dit, revenons à l'étude comparative des trois moyens de centralisation que nous avons énoncés.

TRANSCRIPTION

D'où nous vient ce système ? du Code civil lui-même : les art. 60 et suivants, 86 et suivants, etc. en font foi. Ils s'appliquent, il est vrai, à des cas déterminés et exceptionnels, et concernent des actes reçus en mer ou à l'étranger ; mais pourquoi n'aurait-on pas généralisé ces dispositions en leur donnant une portée plus étendue ? C'est ce qu'avait pensé le Dr Loir (1), qui avait proposé un article ainsi conçu : « Aussitôt qu'un « acte de mariage ou de décès aura été reçu dans un « siège quelconque d'état civil, le préposé à cet état « sera tenu, sous peine d'amende de..... francs par « omission, d'adresser suivant la forme et les dimen« sions prescrites, une expédition dudit acte à la « municipalité du lieu de naissance de l'époux ou de « l'épouse, s'il s'agit d'un mariage, et du défunt, s'il « s'agit d'un décès.

« Les extraits ou expéditions seront mentionnés en « marge de l'acte de naissance, classés par ordre

____

(1) V. *Recueil de l'Académie des sciences morales et politiques,* année 1856, t. 38, p. 429.

J. N. Loir, *Mémoire sur la centralisation des actes de l'état civil au domicile d'origine,* Paris, 1856.

« alphabétique, et l'objet de tables annuelles et décen-
« nales.

« Pour les cas exceptionnels d'arrondissement natal
« resté inconnu, l'expédition de l'acte sera faite par le
« même préposé, dans les mêmes termes et dans le même
« délai, au dépôt ou greffe général établi à Paris à
« cet effet. Ces extraits ou expéditions seront classés
« par ordre alphabétique et l'objet de tables annuelles
« et décennales.

« Le tout pour servir aux documents demandés ».

De même que nous, le docteur Loir conseille le lieu de naissance comme centre de ces renseignements.

Cette préférence du siège natal est naturelle et avait été déjà partagée par bien des auteurs : MM. Duval, Decourdemanche, etc., avaient proposé le choix du lieu de naissance pour y réunir les actes hypothécaires des grevés. C'est au lieu de naissance qu'en 1848 M. de Bonneville demandait de localiser les renseignements judiciaires relatifs à chaque condamné.

Mais le docteur Loir ne cherche pas à créer une centralisation générale ; il ne s'occupe que des trois actes principaux : les actes de naissance, de mariage et de décès, actes ayant entre eux une relation certaine, mais dont la seule réunion, bien qu'utile, est manifestement insuffisante.

Pour l'expédition des actes sans désignation d'arrondissement natal, il conseille la création d'un dépôt

central à Paris ; ce dépôt comprendrait les seuls actes
de mariage ou de décès qui auraient pu être envoyés
à l'arrondissement natal resté inconnu. Au fur et à mesure
qu'on l'apprendrait, on pourrait y expédier ces actes.

Puis le docteur Loir se demande si l'officier du lieu
de naissance doit seulement indiquer en marge la date
et le lieu du dépôt de la minute de l'acte expédié et
renvoyer à l'autre municipalité pour l'obtention des
extraits, ou s'il doit au contraire enregistrer et
classer l'expédition qu'il a reçue de l'acte-minute pour
en délivrer lui-même des extraits comme d'une
seconde minute.

Si, répond-il en substance, on employait le premier
moyen, ce serait simplement mettre les familles sur la
trace des renseignements à obtenir et les obliger, en ne
les leur livrant pas de suite, à des recherches longues
et multiples. Au contraire, prendre le second parti
serait se rallier à une solution vraiment efficace ; les
extraits étant payés, les communes regagneraient d'un
côté ce qu'elles perdraient de l'autre, par un jeu de
réciprocité normal.

Ce mode de procéder par transcription est-il vraiment à recommander ? A certains points de vue, oui,
mais non à tous.

D'abord, nous l'avons dit, il ne se préoccupe, dans
l'espèce, que de trois actes principaux, au lieu d'envi-
sager les actes dans leur généralité.

Ensuite, est-ce qu'une transcription des actes ne

serait pas une chose bien compliquée et entraînant une surcharge énorme d'écritures? M. Cocat dit à ce sujet et justement, ce nous semble : « Il (ce projet) « présente l'inconvénient très grave d'une application « difficile, compliquée et dangereuse. Il compliquerait « les écritures, puisqu'il consiste à inscrire dans une « simple marge le texte original d'actes quelquefois « assez longs ». Ce serait là un travail immense et difficilement réalisable en pratique.

De plus encore, ce projet ne vise que les actes inscrits dans les registres de l'état civil ; n'y en a-t-il pas d'autres également importants? On a dit que la réforme proposée avait la grande qualité d'être d'accord avec notre législation existante, et de ne nécessiter que l'apparition d'une simple mesure administrative. Si la réforme est simple, s'ensuit-il qu'elle soit meilleure au point de vue du but poursuivi et ne vaudrait-il pas mieux, par une innovation, chercher à obtenir des résultats plus complets?

Enfin — et là-dessus on est à peu près d'accord — le projet a un grand défaut : les municipalités qui reçoivent l'expédition devraient en opérer la mention marginale, conserver l'expédition, la classer à son rang alphabétique et en délivrer des extraits à tout réclamant. N'est-ce pas là une inadvertance? Car enfin, que nous dit l'article 1335, § 4 : « Les copies « de copies pourront, suivant les circonstances, être « considérées comme simples renseignements ». Or

que seront les extraits dont nous parlons ? Pas autre
chose que des copies de copies, sans valeur ni force
probante.

Les inconvénients étaient si manifestes que le docteur
Loir abandonna sa proposition pour se rallier à un
autre projet que nous rencontrerons dans la suite.

CASIER CIVIL

Ce second système a sur le précédent l'avantage de
s'appliquer d'une façon générale à tous les actes affec-
tant l'état des personnes, au moins dans le système
complété, car le projet du Casier civil proposé par
M. Lionel d'Albiousse, juge suppléant au tribunal,
adjoint au maire d'Uzès, ne visait, lui aussi, que les
trois actes énumérés plus haut.

Le fond de l'idée est bien entendu toujours le
même : il faut, « étant donné un acte quelconque de
« l'état civil, trouver d'une manière sûre et facile tous
« les actes antérieurs qui s'y rattachent, dans quelque
« commune de France qu'ils aient été reçus ».

Il y a deux parties à considérer dans l'œuvre de
M. L. d'Albiousse.

Il propose d'abord la réalisation d'un casier civil, à
l'aide de deux opérations distinctes :

1° Désormais dans tous les actes de l'état civil, on
devra énoncer le lieu de naissance des personnes que
ces actes concernent. Ainsi, dans les actes de naissance,

on énoncera le lieu de naissance des père et mère ; dans les actes de décès, le lieu de naissance du défunt.

2° Dans tous les greffes des tribunaux de première instance et dans toutes les communes de France, on établira un casier pour recevoir les renseignements de l'état civil des personnes qui auront quitté le lieu de leur naissance.

Ce système repose donc sur une double base : le greffe du tribunal dont dépend le siège natal de l'indivision, et ce siège natal lui-même.

Le casier civil serait conservé avec les registres de l'état civil, et composé de compartiments établis suivant l'ordre alphabétique, où seraient classés les actes de mariage et de décès. Ces actes ou fiches seraient des bulletins de format identique, rédigés de la même façon et ne contenant que les indications nécessaires. On enverrait les bulletins, portant en double la même rédaction sur une feuille également double, au Procureur de la République de l'arrondissement du lieu de naissance. Celui-ci diviserait la feuille en deux, enverrait un bulletin au greffier du tribunal et l'autre au maire qui le garderait dans le casier.

Les greffiers qui par là même auraient entre les mains bien plus de bulletins que les officiers de l'état civil, pourraient tous les ans les dépouiller et les réunir en un registre qui serait pourvu d'une table. Rien n'empêcherait d'ailleurs d'en faire autant dans les grandes villes. Dans les petites communes, les bulletins pourraient sans inconvénient demeurer dix ans dans le casier ; mais à cette époque, qu'on ferait coïncider avec la confection des tables décennales de l'état civil, l'autorité prescrirait aux greffiers et officiers de l'état civil de réunir les bulletins par eux reçus durant dix années, par ordre alphabétique et avec cette inscription ; « Bulletins de l'état civil — Mariages — Décès ». M. Lionel d'Albiousse avait même proposé, pour la période antérieure à 1860, de faire dresser des bulletins analogues pour les actes de mariage et de décès survenus depuis 1792, année où un décret chargea les municipalités de constater l'état civil des citoyens. En cas d'insuffisance des registres, on se serait renseigné auprès des familles.

Quant aux étrangers, le projet proposait d'envoyer les bulletins au Ministère des Affaires étrangères qui aurait conservé l'un d'eux dans un casier et aurait euvoyé l'autre au gouvernement intéressé, à charge de réciprocité (1).

Ce système ne présente guère d'avantages sur le projet précédent, ni au point de vue du nombre des actes visés, puisqu'il gravite autour des trois seuls actes de naissance, de mariage et de décès, ni au point de vue du mode de centralisation, puisqu'il ne tend qu'à réunir dans un même casier des actes qui n'ont entre eux aucune espèce de lien. M. Lionel d'Al-

____

(1) V. Lionel d'Albiousse, Le Casier de l'état civil (*Revue pratique*, 1860 p. 457).

biousse s'aperçut bien d'ailleurs que son système était incomplet, car il proposa un autre casier, le « casier des objets divers » (1), organisé de semblable façon, et tenu simplement au greffe du tribunal de l'arrondissement du lieu de naissance ; là on aurait mentionné : les interdictions et les dations de conseils judiciaires, les ouvertures de tutelles, les séparations de corps, les séparations de biens. On ne peut oublier en effet que les jugements prononçant interdiction ou nomination d'un conseil sont inscrits seulement sur des tableaux affichés dans l'auditoire du tribunal et dans les études des notaires de l'arrondissement ; outre que ce moyen de publicité est imparfait et temporaire, il est local et fait entièrement défaut dans les autres arrondissements.

Pour la tutelle, si une hypothèque légale existe sur les biens du tuteur indépendamment de l'inscription, c'est le tuteur qui doit requérir ; or cette inscription n'est presque jamais prise, et les recherches à ce sujet sont bien difficiles.

La loi de 1850 a heureusement innové, quant à la la publicité des contrats de mariage ; mais les séparations de biens prononcées judiciairement ou résultant de séparations de corps sont connues dans un seul arrondissement, et encore le sont-elles fort peu.

La loi du 23 mars 1855 a bien fait connaître aux

(1) V. LIONEL D'ALBIOUSSE, Le Casier des objets divers, suite et complément des casiers judiciaires et de l'état civil (*Revue pratique*, 1862, t. XIII, p. 332 et suiv.).

tiers certaines charges des immeubles, comme les actes
constitutifs d'antichrèse, de servitude, d'usage, d'habitation. On se demande pourquoi il n'en serait pas de
même en matière de capacité. Est-ce parce que les
immeubles restent et que les personnes passent? On a
bien trouvé, pour obvier à des périls connus, le casier
judiciaire; pourquoi ne pas employer dans le même
but d'utilité générale le casier civil?

De ces considérations sont sortis les six articles
suivants, qui forment le texte du projet :

« ART. 1er. — Dans tous les greffes des tribunaux
de première instance de l'Empire seront établis, sur
le modèle du casier judiciaire, deux autres casiers,
l'un appelé casier de l'état civil, l'autre appelé casier
des objets divers.

« ART. 2. — Dans tous les jugements, arrêts, actes
de l'état civil, actes notariés, passeports, livrets d'ou-
vrier et autres actes émanés de l'autorité, le lieu de
naissance des personnes qui y sont dénommées sera
indiqué à la suite de la mention du domicile.

« ART. 3. — Les officiers de l'état civil qui recevront
un acte de l'état civil d'une personne née hors de leur
commune en informeront immédiatement le greffier
du tribunal de première instance du lieu de la naissance par un bulletin conforme au modèle ci-annexé
et qui devra être conservé au casier de l'état civil.

« ART. 4. — Les greffiers de la justice de paix dans
tous les cas de tutelle, et ceux des tribunaux ou des

cours dans les jugements ou arrêts en dation de conseil judiciaire, interdiction, séparation de corps ou de biens, devront envoyer un bulletin conforme aux modèles ci-annexés au greffier du tribunal de première instance du lieu de naissance des personnes que ces actes concernent. Les bulletins seront insérés au casier des objets divers.

« ART. 5. — Les notaires seront tenus d'informer les juges de paix de leur canton des cas de tutelle testamentaire.

« ART. 6. — Les dispositions pénales de l'article 50 du Code Napoléon sont applicables aux officiers de l'état civil, notaires, greffiers, pour toute infraction aux articles 3, 4, 5 qui précèdent ».

Ce projet complète celui qui a été précédemment exposé ; le résultat devait-il paraître suffisant ? Nous ne le pensons pas, et au Sénat, en 1862, on ne le pensa pas non plus.

Nous avons plus haut parlé d'une proposition de M. Morel qui a suivi celle de M. Lionel d'Albiousse. Dans son projet, l'auteur proposait de confier la tenue du casier aux conservateurs ou aux receveurs-conservateurs des hypothèques. M. Ganivet, au nom de la 11e Commission d'initiative parlementaire, fit sur ce projet un rapport représentant combien il serait difficile de le mettre à exécution, à raison du nombre très grand des mentions (1), et de ce que plusieurs

____

(1) Il y en a vingt-cinq.

d'entre elles étaient inutiles, par exemple celles concernant les mariages, les divorces, les légitimations, qui sont déjà sur les registres de l'état civil, tandis que d'autre part les réhabilitations ne semblent pas devoir figurer dans un casier civil.

On exigeait en définitive de multiples travaux, sans certitude de parvenir à une complète exactitude. Par ailleurs, nous nous sommes déjà efforcé de démontrer les mauvais côtés d'un système qui confie au conservateur des hypothèques la tenue et la garde des casiers civils.

Deux autres auteurs ont préconisé le système du casier civil, M. Denos, chef de bureau de la mairie de Chartres, et M. Theureau.

Le premier (1), pour éviter une confusion résultant de mentions trop multipliées, a opéré un choix parmi les faits à noter, choix arbitraire et qui n'est pas toujours heureux. Il n'arrive guère à éviter l'encombrement marginal, étant donné qu'il propose de mentionner des actes ne faisant pas partie de l'état civil.

D'après le projet de M. Denos, les faits à mentionner seraient divisés par catégories classées par numéros d'ordre. Le casier serait ouvert au lieu de naissance et tenu en double : l'un des doubles serait transmis au greffe du Tribunal de l'arrondissement.

---

(1) V. DENOS, *La bigamie. Manière de la prévenir et d'éviter les suppositions de noms, de personnes ou d'état civil.* Chartres, 1891.

Le greffier et l'officier de l'état civil devraient, en recevant un acte, écrire le numéro de la catégorie à laquelle il appartient, le numéro d'inscription, et la date de cette inscription. On noterait en marge les accusés-réception, ou l'on constaterait leur absence.

On ne comprendrait pas dans le casier les mentions faites en marge des actes autres que les actes de naissance.

Ce système a divers inconvénients : le casier n'est ici qu'un intermédiaire, car il faut recourir ensuite aux actes eux-mêmes ; rien n'est simplifié, et les recherches sont longues et malaisées.

De plus, M. Denos a exigé en marge de l'acte de naissance une mention qui nous paraît bien peu naturelle : nous voulons parler de celle des projets de mariage ; en quoi cela complètera-t-il efficacement l'effet des publications ? N'est-ce pas bien plutôt au contraire, une source d'inconvénients et d'ennuis pour la personne que concernent ces projets, s'ils viennent à ne pas se réaliser ?

Enfin, nous l'avons dit, le choix des faits à noter est arbitraire ; pour toutes ces raisons, le projet semble mal venu et peu intéressant à mettre en exécution.

Le plus important projet sur la matière est certainement celui de M. Theureau (1).

____

(1) V. L. THEUREAU, *Les Casiers judiciaires et un projet de Casiers civils*, Paris 1892.

Il est des choses, dit-il, qui doivent être connues et cependant qui ne le sont pas. On a pour les condamnations criminelles, le casier judiciaire ; pour les incapacités et les questions d'état civil, il n'y a rien qui s'en rapproche. Cependant, fait-il observer avec raison, certaines mentions, comme celles des déclarations de faillite, des liquidations judiciaires, des déchéances de la puissance paternelle, — ces dernières peuvent se produire même sans condamnation intervenue — ne sont pas à leur place dans le casier judiciaire, car on a dit qu' « introduire ainsi des inca-« pacités purement civiles, c'était s'engager dans une « mauvaise voie » ; pourtant ces incapacités et d'autres encore doivent être connues et pour les connaître il faut avoir recours à des moyens divers ; de là découle clairement la nécessité d'un casier civil.

M. Theureau fait remarquer que la situation sociale des personnes, c'est-à-dire des individus capables d'avoir des droits et des devoirs, se compose de trois éléments :

1° L'état civil, ou la possession des droits sociaux ;

2° La capacité civile, ou l'aptitude à exercer ces droits et à remplir les devoirs sociaux correspondants ;

3° Le crédit, c'est-à-dire les sûretés que chacun peut offrir pour garantie de l'exécution de ses engagements.

1° *Etat civil.* — Les actes de l'état civil sont d'une insuffisance notoire, car de trop nombreux actes, tels que l'interdiction, la nomination d'un conseil judiciaire, l'émancipation, la faillite, la déchéance de la puissance paternelle, etc., ne figurent pas dans les registres ; le mariage, avant la loi du 17 août 1897, était entouré d'une publicité restreinte et presque inefficace.

On objecte que le livret de famille pallie ces inconvénients ; mais combien imparfaitement ! Toutes les familles n'en ont pas, et sur celui qu'elles possèdent, on ne relate que les énonciations des actes de l'état civil ; or ces actes ne contiennent habituellement que le domicile des parties et des témoins, et bien souvent ils ont été passés par une même personne à des domiciles divers. Comment pouvoir tirer de là des renseignements complets et satisfaisants ?

2° *Capacité civile.* — La capacité est la règle (Art. 8 et 1123, C. c.), et l'incapacité l'exception ; l'article 1124 énumère limitativement les différents incapables : mineurs, femmes mariées, interdits, etc.

Certaines formalités sont prescrites pour porter ces incapacités à la connaissance des tiers (1), mais en réalité ces moyens de publicité sont illusoires, et si les formalités prescrites par la loi n'ont pas été remplies, l'omission ne saurait préjudicier à l'incapable.

Il faut donc faire efficacement connaître aux tiers ces divers états.

3° *Crédit.* — Le crédit, en vue de la fortune mobilière, n'est pas organisé dans nos Codes ; il l'est au

---

(1) V. par exemple l'art. 501, C. c., et l'art. 897, C. proc.

regard de la fortune immobilière, mais de façon notoirement insuffisante, car le registre des conservateurs des hypothèques n'offre pas ce groupement de renseignements qui permettrait d'apprécier dans son ensemble le crédit des personnes ; on ne le connaît que par rapport à un immeuble déterminé. Encore le système est-il incomplet à un autre point de vue, car diverses catégories de droits ne reçoivent aucune publicité, comme certaines hypothèques légales et les mutations par succession ou par legs.

Il faut donc établir un système d'information, sauf à rechercher où il devra être centralisé ; après avoir rejeté le lieu du domicile, ainsi que nous l'avons fait, M. Theureau choisit le lieu de naissance, à l'imitation de ce qui existe en matière de casiers judiciaires.

Comme dans ce dernier casier, M. Theureau voudrait deux sortes de Bulletins : le bulletin n° 1, classé par ordre alphabétique dans les compartiments des casiers, et le bulletin n° 2, qui ne serait qu'un extrait du premier.

On établirait pour les personnes d'origine étrangère, ou des colonies autres que l'Algérie, comme d'ailleurs pour les personnes d'origine restée inconnue, un casier au Ministère de la justice, dépendant du casier judiciaire central.

Pour assurer le bon fonctionnement du système, il suffirait d'ajouter à la mention du domicile, la mention du lieu de naissance. Plusieurs articles du Code se trouveraient légèrement modifiés (1). On connaîtrait facilement ainsi le lieu de centralisation où se ferait l'envoi des bulletins.

Qui fera ces envois?

L'officier de l'état civil pour les actes de l'état civil, — le notaire pour les contrats de mariage, en spécifiant le régime adopté, — le greffier du juge de paix pour les émancipations et les tutelles officieuses ; — le greffier du tribunal ou de la Cour qui aura prononcé en dernier ressort, pour les interdictions, les nominations de conseils judiciaires, les divorces, les séparations de corps et de biens, les adoptions, les déchéances de la puissance paternelle ; quant aux faillites et aux liquidations judiciaires, le greffier du tribunal de commerce semble indiqué ; pour le stellionat, ce sera le greffier du tribunal qui aura prononcé la condamnation.

Il y aurait lieu à envoi de bulletin pour le cas où un individu serait appelé à une fonction entraînant hypothèque sur ses biens.

Mais comment ce système serait-il réalisable au point de vue pécuniaire? L'Etat donnerait 200,000 fr. pour

______

(1) Ainsi, désormais, l'art. 57 du Code civil prescrirait d'énoncer dans l'acte de naissance, en plus du domicile, le lieu de naissance des père et mère ; l'art. 63, relatif aux publications de mariage, d'y mentionner le lieu de naissance des époux et des père et mère ; l'art. 73, relatif à l'acte authentique constatant le consentement des parents, d'inscrire les mêmes mentions ; l'art. 76, n° 3, relatif à l'acte de mariage, d'ajouter à la mention du domicile des père et mère, celle de leur lieu de naissance ; l'art. 79, d'énoncer le lieu de naissance du défunt.

les casiers civils, comme il en donne 200,000 pour les casiers judiciaires ; les bulletins n° 2 ne seraient délivrés que contre rémunération (1), ils seraient soumis à l'enregistrement en tant qu'actes extra-judiciaires obtenus dans un intérêt privé par le ministère d'officiers publics. L'art. 68, § 1, n° 51 de la loi du 22 Frimaire an VII s'appliquerait, comme il s'applique pour les bulletins n° 2 des casiers judiciaires. On emploierait la demi-feuille de papier timbré de soixante centimes, comme on le fait en matière de casiers judiciaires.

La demande serait faite au greffier du tribunal.

La théorie du Casier civil a été magistralement exposée par M. Theureau ; malgré l'autorité qui s'attache à son travail, nous ne croyons pas cependant pouvoir en adopter les solutions, et cela pour plusieurs raisons.

Avoir un casier pour chaque personne, c'est faire, nous le reconnaissons, œuvre utile ; mais l'institution n'est pas pratique.

D'une part, en effet, il existera infiniment trop de casiers pour qu'une confusion ne soit pas certaine et, d'autre part, le nombre des mentions réclamées par les divers adeptes du système du Casier civil est beaucoup trop grand pour que le travail puisse se faire d'une façon normale et régulière. Certains auteurs,

____

(1) La rémunération serait de 1 fr. par extrait, soit 0 fr. 25 de rédaction, 0 fr. 50 de recherches, et 0 fr. 25 de répertoire.

comme M. Denos, ont, il est vrai, singulièrement restreint le nombre des mentions à effectuer ; ils ont évité ainsi en partie l'inconvénient signalé, mais ils sont tombés dans l'excès contraire, car la publicité qu'ils proposent n'est plus suffisante.

Enfin, s'il est bon de posséder des renseignements sur chacun, il faut aussi conserver l'assurance de ne pas les perdre ; or, le système de feuilles mobiles nous semble faire le jeu du hasard, et encore plus de la malveillance et de l'intérêt personnel.

Un dernier système reste, c'est celui du Tableau complémentaire.

TABLEAU COMPLÉMENTAIRE

Cette dernière forme de centralisation a été préconisée par divers auteurs. Pour étudier leurs projets, le meilleur parti à prendre est, nous le pensons, de passer en revue, dans leur ordre chronologique, les diverses propositions qui ont été faites à ce sujet.

Dans ce système, la centralisation ne consiste plus à conserver dans un casier, au moyen de feuilles mobiles, les renseignements que l'on possède sur chaque individu, mais d'opérer en marge d'un acte choisi comme point de concentration, des mentions relatives à l'état civil. L'acte proposé est l'acte de naissance ; le choix est logique. Aussi, dans leurs divers projets, les auteurs se sont-ils tous rangés à la même idée.

C'est M. Rameau, avoué à Versailles, qui a le premier agité la question et cherché à lui donner une
solution pratique (1).

Il choisit l'acte de naissance comme pivot unique
de son système, et tous les changements qu'il propose se rapportent aux registres de naissances; il juge,
par contre, inutile de modifier le moindre détail de ce
qui touche aux actes de mariage et de décès.

La réforme projetée était, en quelques mots, la suivante : Désormais, les actes de naissance seront
divisés en cinq colonnes : la première constatera la
naissance et la seconde l'acte de célébration du
mariage; dans la troisième seront mentionnés les
actes de naissance des enfants légitimes ou naturels;
dans la quatrième, le décès; dans la cinquième se
trouveront les mentions de rectification prescrites en
conformité de l'article 101 du Code civil, ainsi
que les jugements et arrêts d'adoption, les actes de
légitimation, les autorisations de changements de
noms, etc.

Ce registre sera tenu double, et un dépôt en sera
opéré tous les ans au greffe (2).

Le système serait aisé à mettre en pratique, selon
M. Rameau, car le personnel des mairies est nombreux, et en principe les officiers de l'état civil ne

(1) V. RAMEAU, De quelques modifications dans la tenue des registres de
l'état civil (*Gazette des Tribunaux*, n° 4. 5 avril 1860).

(2) Pour parvenir aux résultats cherchés, M. Rameau a donc proposé
quelques modifications aux articles 34, 42, 57, 76 et 77, t. II, l. 1, C. c.

manquent pas d'expérience, au moins dans les villes. Mais la régularité du service subsistera également dans les campagnes, car tout y sera simplifié : les habitants ne sont pas nombreux et se déplacent rarement ; par suite, les extraits à envoyer à d'autres communes seront rares.

On possèdera donc un moyen simple et pratique de remonter d'un acte à l'autre, de se procurer sur toute personne des renseignements complets, et de reconstituer sa descendance.

De plus, dans la modification qu'il propose d'apporter à l'article 34 du Code civil, l'auteur préconise pour tous les actes la mention du lieu de naissance.

On peut reprocher à ce système de laisser de côté les faits touchant à l'état des personnes, qui ne sont pas compris parmi les actes de l'état civil.

Il n'est pas nécessaire, d'un autre côté, de mentionner, comme le propose M. Rameau, en marge de l'acte de naissance d'un individu celui de ses enfants. Cette mention peut sans doute rendre quelques services au point de vue des droits successifs. Mais n'est-ce pas pousser un peu loin le besoin de centraliser et ne suffit-il pas que l'héritier, quel qu'il soit, apprenne de source certaine le décès du parent auquel il doit succéder ?

Enfin, s'il intervient une action en désaveu, il faudra aussi logiquement mentionner la sentence rendue.

En définitive, le système de M. Rameau présente des

complications qui, ce nous semble, doivent faire repousser son projet.

Le docteur Loir a repris en les élargissant et en les modifiant les idées que nous venons d'exposer (1).

Le système qu'il propose ne prend plus pour unique centre des renseignements l'acte de naissance ; il se sert également de l'acte de mariage.

Au premier, il annexe le bulletin ou tableau complémentaire d'état civil, au second, le bulletin ou tableau de filiation des enfants légitimes.

La mesure pourrait être généralisée et s'appliquer aux cas exceptionnels, de même qu'aux condamnations entraînant la perte des droits civils, aux donations, aux séparations de corps, etc. Toutefois l'auteur ne semble pas partisan de l'extension qu'il indique.

Le tableau de filiation par lui proposé comprend les actes de naissance des frères et sœurs d'une même famille ; le fait de la naissance est en effet complexe et ressort de l'acte matrimonial des père et mère ; mention doit donc en être faite en marge de cet acte.

De son côté, le bulletin complémentaire d'état civil, en marge de l'acte de naissance, ne doit mentionner que le mariage lui-même et non les filiations.

Mais que faire s'il n'existe pas d'acte de mariage ?

Le bulletin de filiation de l'enfant est en ce cas

---

(1) J. N. LOIR, *Revue pratique*, 1862, t. 15, p. 417 ; t. 16, p. 316 et suiv. *Centralisation des actes de l'état civil; Bulletins ou Tableaux complémentaires*, Paris 1862.

reporté à l'acte de naissance des parents qui l'ont reconnu. S'il intervient une reconnaissance ou une adoption de la part de deux époux, mention en est faite en marge de l'acte de mariage. Dans ces cas exceptionnels, mention est également opérée en marge de l'acte de naissance de l'enfant.

S'il s'agit d'un enfant naturel non reconnu ou d'un enfant trouvé, la concentration se fera au dépôt central où sera expédié le bulletin de naissance.

L'enfant légitime, né d'un mariage régulier, et adopté dans une autre famille, pourra ainsi posséder deux bulletins, l'un touchant sa filiation, l'autre touchant son adoption.

Enfin, pour assurer le fonctionnement régulier du système, l'auteur propose la confection de tables décennales alphabétiques des naissances, dressées par arrondissement ; grâce à elles, on pourrait constituer une table générale et unique pour la France entière. Que les tables par arrondissement soient utiles et pratiques, nous n'y contredisons pas ; mais une table pour toute la France, ne s'appliquât-elle qu'aux naissances, nécessiterait un travail immense et ne rendrait peut-être pas autant de services qu'on est en droit de le supposer.

Ce système, pour avoir prévu une grande multiplicité d'hypothèses, et pour être le résultat de recherches longuement raisonnées, ne nous semble pas à l'abri de toute critique. Pourquoi tout d'abord morceler la centralisation et ne pas au contraire la retenir en un point unique, l'acte de naissance, en écartant l'acte de mariage qui ne sert que de complication inutile ?

Nous ne revenons pas sur les remarques que nous avons déjà présentées au sujet de la table décennale générale.

Il a cependant été fait au système du docteur Loir un reproche auquel nous ne nous associons pas : on a dit, M. Lesmaris notamment, que l'acte de naissance ne devait pas contenir d'énonciations étrangères aux actes de l'état civil, parce que des confusions et des erreurs pouvaient en découler. Cette théorie peut être exacte en ce qui concerne les condamnations. Mais il faut que le reste soit porté à la connaissance des tiers ; or ils ne peuvent pas, pour se renseigner, recourir au casier judiciaire. Il semble donc nécessaire que mention en soit faite dans ce que nous appelons *lato sensu* le casier civil.

En définitive, de ces premiers systèmes il nous paraît résulter, pour l'un d'eux une centralisation imparfaite, en ce sens qu'il ne détermine pas le point unique vers lequel doivent converger tous les renseignements ; pour l'autre, un choix arbitraire des faits que l'on propose de mentionner ; pour le troisième enfin, un défaut de sécurité au point de vue de la tenue et de la garde du casier.

Pour éviter ces inconvénients divers, M. Cocat (1)

____

(1) V. Cocat, *De la publicité en matière d'état et de capacité des personnes. Organisation d'un casier civil* (Thèse pour le doctorat, Grenoble, 1898).

a échafaudé un système qui diffère des précédents par certains côtés : l'acte de naissance est écrit sur le recto du registre qui devra être déposé au greffe ; le verso de la feuille est divisé en quatre colonnes où sont disposées les diverses mentions. Elles sont fort nombreuses ; il est vrai que plusieurs n'en seront pas souvent nécessaires, ce qui diminuera le travail d'écriture et de concentration.

On a critiqué ce projet : quand un individu, a-t-on dit, désirera avoir un renseignement sur une autre personne, il demandera un extrait de l'acte de naissance de celle-ci ; or cet extrait renfermera une foule de mentions inutiles dans l'hypothèse supposée et qui compliqueront les opérations. Il y a là peut-être une part de vérité. Et cependant, peut-on se plaindre d'être trop renseigné ?

Mais il est deux reproches auxquels nous nous associons. D'abord la mention des condamnations au casier civil (1) fait double emploi avec le casier judiciaire, et introduit dans notre casier des énonciations qui n'y sont pas à leur place.

Ensuite, il n'est pas nécessaire, comme nous l'avons dit, que l'acte de naissance des parents contienne la mention de la naissance des enfants.

Un dernier système a été proposé dans un ordre

____

(1) M. Cocat exige que la mention de la naissance des enfants soit consignée dans la troisième colonne, et celle des condamnations dans la quatrième colonne.

d'idées similaire ; l'auteur de ce curieux projet, M. Levivier (1), demande que les renseignements soient puisés à trois sources : dans l'acte de naissance et dans deux livrets qu'il dénomme *livret individuel* et *livret-minute*.

1° *L'acte de naissance*, tout d'abord, est la base de la réforme. Chaque individu devrait être immatriculé, c'est-à-dire posséder un numéro d'ordre. La question n'est pas résolue de savoir si les renseignements postérieurs à la naissance seraient mentionnés en marge de l'acte lui-même, ou dans un casier à compartiments au moyen de bulletins.

La centralisation se ferait au lieu de la naissance même, l'acte de naissance serait inscrit sur un registre divisé en colonnes surmontées d'intitulés invariables, pour éviter les chances d'erreurs ; la marge serait réservée aux rectifications opérées par jugements. Au bas, une ligne serait laissée en blanc pour contenir soit la référence à l'acte de décès, soit le renvoi au livret-minute, car dans certaines hypothèses, au cas par exemple d'un enfant appelé à mourir dans un bref délai, il est inutile d'ouvrir un livret.

2° *Livret-minute*. — Ce livret ne doit pas être public, mais les extraits en pourront être délivrés, en principe, aux seuls titulaires. Sur la première page

____

(1) V. Levivier, *Etudes des moyens les plus propres à assurer la sécurité des transactions et notamment les transactions immobilières* (Thèse pour le doctorat, Paris, 1897).

seront inscrits l'immatricule et les renseignements sur la filiation, qu'on obtiendra par l'acte de naissance.

Tous les renseignements de nature à déterminer la personnalité de l'individu ou à influer sur elle devraient être portés dans ce livret ; le nombre en est d'ailleurs assez élevé (1).

On objecte que la mention des condamnations purement pénales constituerait une publicité aggravant la peine : l'auteur a répondu que la critique tombe, parce que le livret-minute n'est pas public ; d'ailleurs, l'intérêt des tiers est d'être renseignés.

Ce livret serait ouvert et tenu à la mairie du lieu de naissance ; le même officier devrait tenir à la fois le registre des actes de naissance et le livret-minute, à cause de la connexité qui les relie.

On pourrait même avoir à Paris un bureau central et employer pour faciliter la reconnaissance des individus qui cachent leur nationalité, le service anthropométrique de M. Bertillon.

---

(1) Doivent prendre place parmi les inscriptions ;

Les mentions relatives à la profession et au domicile, mais seulement à titre d'énonciations accessoires et secondaires, car des changements peuvent intervenir ;

Les mentions relatives à la naissance, à la filiation (sur cette question, l'immatricule des parents eux-mêmes pourra rendre de grands services) à la légitimation, à la reconnaissance, à la nationalité, à l'adoption, au mariage, au contrat de mariage, au décès ;

Les mentions des tutelles, subrogées-tutelles, curatelles et interdictions, des nominations de conseils judiciaires, des divorces, des séparations de corps, des faillites, des liquidations judiciaires, des jugements rectificatifs des actes de l'état civil, des jugements déclaratifs d'absence ;

Enfin certaines condamnations.

L'auteur voudrait parvenir au résultat suivant : le service des livrets devrait être assez rigoureusement fait pour que les tiers puissent les opposer à leurs titulaires et leurs ayants-cause, lorsqu'une inscription légalement nécessaire n'aurait pas été faite ; les livrets ne feraient donc plus uniquement foi de leurs énonciations. Mais pour arriver à un semblable état de choses, il faudrait obliger les greffiers, les avoués, les notaires, etc., qui auraient à intervenir directement ou indirectement dans les jugements, actes ou évènements susceptibles de modifier la capacité civile des individus, à fournir les renseignements nécessaires au conservateur des livrets, de manière que celui-ci puisse mentionner la modification intervenue ; de cette façon, il ne serait besoin que d'un personnel restreint pour mener à bien cette tâche délicate.

Quel serait le rôle du conservateur des livrets ? On peut rapprocher sa situation de celle du conservateur des hypothèques ; mais celui-ci, lorsqu'il reçoit un bordereau, n'est ni juge, ni responsable de sa validité. En serait-il de même dans l'espèce ? M. Levivier voudrait assurer au conservateur un rôle plus actif, lui donner des attributions plus étendues : pour le cas où il soupçonnerait une erreur, il aurait le droit de ne pas transcrire. Mais, dit-on, ne serait-ce pas souvent aboutir à un déni de justice ? On pourrait éviter ce résultat fâcheux, répond l'auteur, en employant le système de la *prénotation* : le conservateur qui aurait un doute sur l'exactitude d'une mention la noterait immédiatement, ce qui lui assurerait une date immuable, sauf à contrôler dans la suite sa véracité.

3° *Livret individuel.* — Ce livret, porteur de renseignements seulement généraux, resterait entre les mains du titulaire. Il servirait dans les cas où le précédent deviendrait inutile, à cause de l'impossibilité du déplacement.

En principe, il ferait foi de ses énonciations, sauf à être complété parfois par des extraits du livret-minute.

En tête figurerait l'immatricule avec la mention de la nationalité. Le signalement de l'individu pourrait également y être établi ; quant à la signature, écartée du livret précédent à cause de sa variabilité, elle pourrait être exigée ici, mais seulement à titre de preuve relative ; il en serait de même de la photographie.

La profession et l'adresse, jugées trop instables pour le livret-minute, serviraient en ce cas d'une manière absolue.

Les interdictions, les dations de conseil judiciaire, les faillites, les condamnations pénales ne seraient pas portées sur le livret individuel, à cause des omissions probables dont elles seraient l'objet ; il ne faut pas oublier que ce livret ne remplace l'autre qu'en partie.

En principe, le conservateur des livrets pourrait seul y opérer des modifications ou des mutations ;

mais le système recevrait pratiquement des tempéra-
ments, car à les envoyer souvent, on ne les aurait
presque jamais sous la main.

En cas de perte ou de vol de ce livret, on en four-
nirait un duplicata, sauf à percevoir un droit de délivrance.

Des livrets, on pourrait obtenir des extraits certi-
fiés conformes, en en adressant la demande au conservateur. Celui-ci devrait exiger la présentation d'une
autorisation *ad hoc* et spéciale émanée du titulaire.

Que dire de ce projet, sinon qu'il semble séduisant ?
Et pourtant, nous doutons qu'en pratique il conduise
aux résultats désirés. D'abord n'est-ce pas chose bien
complexe d'avoir trois différents centres de renseignements ? Ne trouve-t-on pas là une source de travail
immense quant aux écritures, et par suite, de confusion ?

D'un autre côté, quand l'auteur exige une autorisation du titulaire pour obtenir un extrait du livret-
minute, ne marche-t-il pas vers un but opposé à celui
qu'il poursuit ? On demande la publicité efficace de
l'état civil ; ce n'est pas le moyen de l'obtenir, car le
titulaire du livret se fera dans bien des cas un malin
plaisir de refuser son consentement.

Enfin, le livret individuel ne sera-t-il pas bien
incomplet, d'abord à cause du petit nombre des mentions exigées, et ensuite de la mauvaise volonté de
son possesseur, quand il s'agira de faire mentionner
un fait de nature à léser ses intérêts ?

Pour ces diverses raisons, nous ne croyons pas devoir nous rallier au système proposé.

Avant que de nous prononcer nous-même sur le parti que nous pensons devoir prendre, éclairons-nous par une étude succincte des tutelles et des faillites en droit comparé, principalement en ce qui concerne la France et l'Allemagne, et passons rapidement en revue les puissances étrangères, en ce qui regarde les institutions touchant à la publicité de l'état des personnes.

CHAPITRE IV

PREMIÈRE SECTION

La tutelle, principalement en France et en Allemagne

Il est intéressant de comparer notre tutelle française avec celle du droit allemand.

Dans les deux pays, en droit la tutelle est une institution réglementée dans le but de protéger les personnes qui, par leur âge ou par l'altération de leurs facultés mentales, ne sont pas en état de se diriger elles-mêmes dans la vie ; mais, dans la mise en pratique, les différences sont nombreuses.

En France comme en Allemagne, il existe une tutelle pour les mineurs, une tutelle pour les majeurs et une curatelle.

§ 1. — Chez nous, il y a pour les mineurs quatre sortes de tutelle.

1° La tutelle du survivant des père et mère ;

2° La tutelle testamentaire, c'est-à-dire déférée par le dernier mourant des père et mère ;

3° La tutelle des ascendants ;

4° La tutelle déférée par le conseil de famille.

En droit allemand le Code a suivi les prescriptions de la loi prussienne du 5 juillet 1875 et les tendances de l'esprit germanique ; la tutelle n'existe pour les mineurs que lorsqu'ils ont perdu leurs père et mère (art. 1773).

Le Code distingue deux sortes de tutelle :

1° La tutelle ordinaire ;

2° La tutelle libre (1).

Les agents qui interviennent dans la tutelle sont nombreux et variés :

1° D'abord le *tribunal de bailliage* ou *tribunal de tutelle ;* c'est toujours lui qui institue la tutelle ; quelquefois sa désignation est forcée, autrement dit la tutelle légale et la tutelle testamentaire existent en fait à côté de la tutelle dative, bien que celle-ci soit seule reconnue en principe ; le tribunal doit donc intervenir dans tous les cas, tandis qu'en France ces deux tutelles existent de plein droit. Notons en passant qu'à l'encontre du droit français, la tutelle légale du père ou de la mère n'est pas considérée comme une véritable tutelle, mais comme l'exercice de la puissance paternelle (2).

----

(1) Détail important : les femmes peuvent en Allemagne être tutrices ; chez nous elles sont exclues de la tutelle, à l'exception des ascendantes.

(2) Article 1776 : On doit choisir les tuteurs dans l'ordre suivant :

    1° Celui qui est désigné par le père du pupille ;

    2° Celui qui est désigné par la mère légitime du pupille ;

    3° Le grand-père du pupille du côté paternel ;

    4° Le grand-père du pupille du côté maternel.

En France la tutelle légale comprend tous les ascendants.

Le tribunal de tutelle surveille le tuteur et intervient fréquemment dans sa gestion ; il le nomme, le révoque, le contrôle, autorise les actes les plus importants et règle les conflits qui peuvent se soulever.

Chez nous le tribunal de première instance a des attributions beaucoup plus restreintes et qui se bornent à l'homologation de certains actes autorisés par le conseil de famille.

2° Un autre organe de la tutelle est le *conseil communal* des orphelins, qui n'a chez nous aucun équivalent.

Ce conseil propose au tribunal les tuteurs, les subrogés-tuteurs, les membres du conseil de famille ; il veille à l'exécution des devoirs imposés au tuteur et signale au tribunal les fautes qu'il commet.

3° Comme le nôtre, le Code allemand contient des dispositions relatives au conseil de famille, mais ces dispositions diffèrent sur bien des points.

Chez nous le conseil de famille, qui doit exister dans toute tutelle, se compose du juge de paix et de six parents ou alliés les plus proches, pris dans un rayon de deux myriamètres, moitié du côté paternel, moitié du côté maternel. Ses attributions sont simples : il nomme le tuteur, quand les conditions requises pour l'une des autres tutelles ne se trouvent pas réunies, et le subrogé-tuteur dans tous les cas ; il exerce, après la mort des père et mère, certaines prérogatives de la puissance paternelle ; il prononce, quand il y a lieu, l'exclusion ou la destitution du tuteur ou du subrogé-tuteur ; enfin il forme, durant le cours de la tutelle, une sorte de tribunal domestique, auquel sont soumises les affaires les plus importantes relatives à la personne et aux biens des mineurs.

En Allemagne, ce conseil n'existe pas nécessairement ; il est établi par le tribunal de tutelle, mais il est des cas où il ne peut y en avoir : par exemple quand le père ou la mère légitime l'ont formellement proscrit. Il est composé d'un nombre de membres qui varie entre deux et six, et s'assemble sous la présidence du juge de tutelle. Pour en faire partie, il faut être parent ou allié du pupille, sauf à obéir au choix des père et mère, à celui du conseil de famille ou du président.

Les membres de notre conseil de famille peuvent se faire représenter par un mandataire, à la condition que celui-ci ne représente qu'un seul d'entre eux. En Allemagne, cette faculté n'est pas permise, les fonctions s'exercent *personnellement*, et les membres sont responsables — ce qui n'existe pas chez nous — dans les mêmes cas que les membres du tribunal.

4° Comme en France, auprès du tuteur existe le *subrogé-tuteur ;* il est nommé par le tribunal de tutelle, mais ne joue pas tout à fait le même rôle : chez nous le subrogé-tuteur agit dans l'intérêt du mineur lorsqu'il est en opposition avec celui du tuteur (art. 420). Il surveille la gestion de celui-ci et provoque la nomination d'un nouveau tuteur, quand la tutelle devient vacante ou qu'elle est abandonnée par suite d'absence (art. 424).

En Allemagne, le subrogé-tuteur est placé auprès du tuteur pour consentir à certains actes ; il est institué au cas où l'administration des biens se joint à la tutelle, sauf quand cette administration est de minime importance ou qu'il y a plusieurs tuteurs gérant en commun (art. 1792 C. c. all.).

La tutelle est forcée, ainsi qu'en France ; le tribunal peut contraindre à l'accepter au moyen d'amendes ; le tuteur récalcitrant est de plus responsable des suites de sa faute.

5° Enfin, en Allemagne, à côté du tuteur il peut y avoir un *curateur :* cette institution n'a pas d'équivalent en France, où elle n'est établie que pour la protection des prodigues ou des faibles d'esprit. C'est qu'en Allemagne ceux-ci sont en tutelle ; la curatelle n'a d'utilité qu'au cas où il y a lieu provisoirement de représenter l'incapable, comme lorsqu'il existe une opposition d'intérêts, quand le tuteur est en état d'absence ou, d'une façon générale, s'il y a suspension de la tutelle.

Celui qui est sous puissance paternelle ou en tutelle reçoit un curateur pour les actes où le père ou le tuteur ne pourraient pas agir (1), par exemple quand

---

(1) En France, la question est résolue dans ce cas par la nomination d'un tuteur *ad hoc.*

le mineur a reçu des biens d'une personne qui en a retiré à ceux-ci l'administration ; l'art. 1919 énumère tous les cas où la curatelle doit exister (1). Les règles de la tutelle lui sont en principe applicables.

La main-levée de la curatelle est toujours prononcée par le tribunal de tutelle.

D'une manière générale, la curatelle finit avec la cause qui lui a donné naissance.

Comme en matière de tutelle, il y a deux sortes de curatelle :

La curatelle ordinaire ;

La curatelle libre.

§ 2. — 1° *Pouvoirs du tuteur.* — Comme en France, le tuteur allemand prend soin de la personne et des biens du pupille et le représente dans les actes civils, mais il ne s'occupe pas des affaires pour lesquelles a été nommé un curateur.

Le tuteur doit présenter au tribunal de tutelle l'inventaire des biens qui existaient lors de son entrée en charge ou qui depuis sont survenus au pupille ; le subrogé-tuteur, appelé à la confection de l'inventaire, doit certifier avec lui qu'il est exact et complet.

En France, au début de la tutelle, le tuteur doit également faire dresser inventaire des biens du mineur ; il doit aussi déclarer dans cet inventaire si le pupille

____

(1) A noter qu'en Allemagne comme en France, il existe un curateur au ventre.

est son débiteur ; cette prescription ne se rencontre pas dans le droit allemand, non plus que les diverses autres dispositions réglementées chez nous par les art. 451 et suivants.

Toutes ces prescriptions sont autant de mesures assurant indirectement la publicité.

La grande supériorité de la législation allemande sur la nôtre est de ne pas faire du tuteur un caissier, car il ne peut opérer seul les encaissements ; le pupille n'est plus autant exposé à subir les conséquences de son incurie ou de sa mauvaise gestion. Les précautions prises en cette matière remplacent l'hypothèque légale prévue par notre Code.

Le droit français et le droit allemand interdisent absolument certaines opérations au tuteur ; ils l'obligent à demander par toute une série d'actes des autorisations diverses, en France, au conseil de famille, dont la décision doit parfois être homologuée par le tribunal de première instance ; en Allemagne, au tribunal de tutelle.

Le subrogé-tuteur allemand est responsable (article 1382) ; notre Code n'a malheureusement aucune disposition analogue.

2° *Surveillance à laquelle est soumis le tuteur.* — En Allemagne comme en France, on trouve un subrogé-tuteur, mais sa surveillance est plus effective en droit allemand, puisqu'il y est responsable.

L'autorité principale est le tribunal de tutelle, qui a

la haute main sur le tuteur et le subrogé-tuteur, et dont l'action a une bien plus large portée que celle de notre conseil de famille.

3° *Fin de la tutelle.* — La tutelle prend fin, soit d'une manière relative *ex parte tutoris*, soit d'une manière absolue *ex parte pupilli*.

En Allemagne, le tuteur, en remettant les biens, rend compte au tribunal ou au subrogé-tuteur, s'il y en a un ; celui-ci fait ses observations. (En France, nous ne voyons aucune disposition équivalente, mais le tuteur est également responsable de sa gestion, art. 469). Le compte est remis au tribunal qui, après examen, dresse un procès-verbal pour en constater l'exactitude.

Ces formalités aboutissent en définitive à compléter, dans une certaine mesure, la publicité de la tutelle.

Nous ne voulons pas passer sous silence, à propos du tuteur, les intéressantes dispositions de l'article 1791 du Code civil allemand.

Le tuteur s'oblige à son entrée en fonctions à une administration fidèle et consciencieuse par un serre-ment de mains qui remplace la formalité de la presta-tion de serment (art. 1789).

« Le tuteur reçoit un *titre.* Ce titre contient le nom
« et l'époque de la naissance du pupille, le nom du
« tuteur, du subrogé-tuteur et du co-tuteur, et en cas
« de partage de la tutelle, le mode de répartition des
« droits des tuteurs. S'il y a établissement d'un con-
« seil de famille, il est également indiqué ».

Cette disposition constitue une grande supériorité du droit allemand sur le nôtre. Elle permet au tuteur de justifier de sa qualité ; les tiers se trouvent complètement renseignés.

Nous résumons cette rapide étude comparative en disant : Le Code français est peut-être entré dans plus de détails, notamment au regard de l'entrée en fonctions du tuteur. Mais le Code allemand nous semble avoir réglementé la matière de la tutelle d'une façon plus complète et plus efficace, en restreignant dans des limites équitables les pouvoirs du tuteur, et en évitant dans la mesure du possible les causes de détournements des valeurs appartenant au pupille, en retirant au tuteur les soins de la comptabilité qui lui reviennent en France, et en le soumettant au contrôle du subrogé-tuteur, surtout du tribunal de tutelle, contrôle autrement effectif que celui de notre conseil de famille.

De plus la surveillance de ce tribunal assure aux divers actes qu'elle concerne un rayonnement que nous ne soupçonnons pas en France.

Enfin l'article 1791 constitue également un progrès au point de vue de la publicité, par l'innovation du *titre* du tuteur ; notre Code n'a rien qui s'en rapproche.

Au point de vue du casier civil, l'Allemagne n'a pas plus que la France de dispositions qui en règlent l'institution.

C'est en Espagne et en Italie que la publicité de la

tutelle est organisée de la façon la plus remarquable :
en Espagne, au greffe de chaque tribunal se trouve,
comme nous le verrons, un registre des tutelles
ouvertes dans la circonscription, avec tous les renseignements désirables en la matière.

Il existe en Italie un registre analogue, mais dont
la publicité est malheureusement restreinte à la
famille de la personne en tutelle.

DEUXIÈME SECTION

Des Faillites en droit comparé (1).

La faillite est l'état d'un commerçant qui a cessé ses
paiements. Cet état donne lieu à des mesures spéciales,
qui ont varié avec les époques.

La faillite est de provenance romaine : sa première
expression se retrouve dans l'*envoi en possession* que
prononçait le préteur sur l'ensemble des biens du
débiteur hors d'état de remplir ses engagements, au
profit des créanciers. Le failli en est venu à ne plus
perdre sa liberté, comme il la perdait sous la législation
des Douze Tables, mais son patrimoine était séquestré
et vendu *(venditio bonorum)* au plus offrant.

La loi romaine ne distingue pas si le débiteur est

---

(1) Nous avons sur cette matière, trouvé mille renseignements précieux
dans l'admirable livre de M. Thaller, *Les Faillites en droit comparé.*

ou non commerçant. L'*action paulienne* permet aux créanciers de faire tomber les actes préjudiciables du failli, en établissant la preuve de la fraude et de la complicité du tiers.

Quant au *concordat* par lequel, sous certaines conditions le débiteur peut rentrer en possession de ses biens, les Romains ne l'ont pas connu.

Les autres peuples anciens ne semblent pas avoir soupçonné la faillite, non plus que les Barbares, dont la législation se résume dans le gage sur la personne ou sur les biens.

Nos anciennes chartes et nos coutumes révèlent l'existence de la saisie privée ; rien de la faillite ; il en fut ainsi tant que les principes des lois barbares dominèrent notre législation.

La faillite apparut au nord de l'Italie, au contact des Romanistes de l'école de Bologne. En France, aux xviie et au xviiie siècles, on ne lui emprunta que quelques dispositions de détail ; le premier texte français parlant de la faillite fut le *Réglement de la place des charges,* proposé par les négociants de Lyon, à la date du 2 juin 1667. En principe, les droits de tous les créanciers sont égaux, mais les créanciers de la place passent avant les forains originaires du pays où la coutume favorise le premier saisissant.

La *période suspecte* est déjà née : « Toutes cessions « et transports sur les effets des faillis seront nuls,

« s'ils ne sont faits dix jours au moins avant la faillite
« publiquement connue ».

Il faut arriver en 1673 pour rencontrer la première
codification générale ; nous voulons parler de l'Ordonnance du Commerce.

Ce qui manque dans toutes ces prescriptions, c'est
la cohésion : ni le principe du dessaisissement, ni le
rôle respectif de la justice et de l'assemblée des
créanciers ne sont nettement déterminés ; d'autre part
il n'y a pas de jugement déclaratif qui assigne à l'état
de faillite un point de départ certain.

Le principe du dessaisissement commençant au jour
même de la cessation des paiements, avant même que
la justice ait donné un gardien aux biens, remonte
à 1807 ; mais la loi nouvelle était beaucoup trop sévère ;
on en vint pour la tourner à faire des conventions
secrètes ; il en résulta des désordres.

La loi du 23 mai 1838 a singulièrement adouci le
sort du débiteur. Plusieurs auteurs le trouvent encore
trop rigoureux et des motions ont été déposées dans
le but de faire échapper le débiteur à la flétrissure de
la faillite ; elles ont été prises en considération, mais
on en est resté à cette bonne intention.

DROIT COMPARÉ

§ 1. — *Notions générales.* — On trouve bien des
lacunes dans les législations étrangères en matière de
faillite.

Les législations sur la faillite se répartissent en trois groupes :

1° Le groupe *français*, qui comprend l'Europe occidentale et méridionale ;

2° Le groupe *germanique ;*

3° Le groupe *anglo-saxon.*

La faillite du droit germanique a trouvé son expression la plus complète et la mieux caractérisée dans la quatrième des lois judiciaires qu'a votées le Reichstag de Berlin, le 10 février 1877, loi obligatoire dans tout l'empire depuis le 1er octobre 1879, et dénommée « Code des faillites » *(Concurs-Ordnung).*

Les Parlements locaux ont voté postérieurement des lois pour faciliter la mise en vigueur du nouveau Code ; l'organisation politique de l'Empire exige en effet que chaque Parlement rende exécutoire dans son ressort les lois générales.

La faillite allemande se rattache plutôt à certaines traditions nationales et à la théorie de l'*Arrest* qu'à la *missio in bona* du droit classique. Tout créancier a, d'après un usage immémorial, la faculté, en prouvant qu'il est sous le coup d'une perte imminente, ou qu'on peut concevoir des doutes sérieux sur le sort éventuel de sa créance, d'exercer une contrainte sur la personne et sur les biens du débiteur ; c'est une sorte de mise sous séquestre par voie conservatoire.

On affirme que la faillite allemande dérive de cette pratique ; c'est assez vraisemblable si on s'attache au

13

mot de *Concurs*, qui indique une compétition de créanciers.

Le but de cet antique usage était d'empêcher qu'un créancier n'ayant sur les autres aucun avantage de rang, ne s'assurât une priorité.

En Angleterre, le droit strict et le droit d'équité se rencontrent sans cesse au milieu de complications extraordinaires de procédure. Avant la loi de 1883, il était aisé au débiteur d'obtenir des remises importantes et même excessives, car les frais étaient énormes, et les créanciers, sûrs de voir tout absorbé, ne poursuivaient pas la faillite.

Depuis 1883 la législation a changé : la justice a la haute main en cette matière. Un magistrat prend possession des biens antérieurement au syndic; il examine la situation et l'expose à la justice ; il s'efforce d'activer la procédure et réunit des assemblées qui délibèrent sur la solution à adopter. La faillite, selon les anciennes traditions britanniques — et cela se comprend chez un peuple à ce degré commerçant — est un mode de libération; quand les créanciers ont obtenu un dividende, ils ont ce qui leur est dû et ne peuvent pas prétendre à autre chose; on passe, ainsi qu'on l'a fort bien dit, l'éponge sur le passé. Près de la faillite *(Bankruptcy)* se place une autre liquidation : l'*insolvency ;* le débiteur peut, si l'on ne relève contre lui ni faute ni dol, solliciter de la Cour l'ouverture d'une liquidation à l'effet d'apurer ses comptes et de rendre à ses créanciers ce qu'il leur doit ; mais cette liquidation, à cause des faveurs accordées au débiteur, ne peut avoir lieu que s'il existe des raisons graves ; dans l'*insolvency*, la contrainte par corps n'existe pas, mais le débiteur demeure exposé à des poursuites sur ses biens futurs.

Avant d'étudier la faillite en soi, il convient dès maintenant de nous demander comment est résolue la question de savoir s'il y a lieu d'étendre le principe de la faillite aux non-commerçants.

La législation française ne l'a pas fait ; la loi anglaise et le Code allemand, au contraire, permettent de mettre en faillite toute personne, et l'Allemagne ne fait pas dépendre l'octroi du concordat de la condition nécessaire du commerce.

Les deux théories peuvent se soutenir.

On peut en France invoquer les considérations suivantes : En dehors du commerce, il n'existe guère de hasards de spéculation ; chacun de nous vit sur son propre bien ; si nous trouvons crédit, c'est parce que nos fournisseurs y consentent ; ceux-ci peuvent prendre des sûretés, et grâce à des titres exécutoires, faire ouvrir une contribution judiciaire où ils obtiendront collocation des sommes pour lesquelles ils ont été admis.

D'ailleurs le crédit commercial réclame de plus précis renseignements sur les personnes avec lesquelles on traite ; la faillite est une mesure d'une haute gravité, permettant de rendre public l'état d'insolvabilité d'un individu qui a le plus grand intérêt à le cacher. C'est pourquoi il ne faut employer la faillite qu'en matière de commerce, car là seulement la faillite est nécessaire.

Enfin, si on la supprimait, les créanciers les mieux renseignés feraient vendre à leur profit les biens du débiteur, au détriment des autres créanciers plus malheureux ou moins zélés. Ce serait une sorte de course d'intérêts où l'équité et la justice ne seraient guère respectées.

En sens contraire, on a répondu que la distinction entre commerçants et non-commerçants n'était pas nettement tranchée : il y a des professions civiles, comme l'agriculture, auxquelles pourrait s'appliquer le régime de la faillite. Les saisies donnent des résultats souvent insuffisants ; le débiteur sait user de fraude pour en atténuer les suites, sans compter que certains biens sont insaisissables, comme les rentes sur l'état, et que, historiquement, la faillite n'est pas absolument commerciale : on ne faisait pas de distinctions à Rome, et c'est seulement au Moyen-Age que la faillite a été plutôt prononcée en matière de commerce, mais aucun texte n'en a jamais limité expressément l'usage aux hommes du négoce.

Nous ne faisons qu'exposer les différents systèmes sans qu'il soit nécessaire pour le besoin de notre étude de nous prononcer entre eux.

§ 2. — *Ouverture de la faillite*. — Il faut en France, pour que la faillite puisse s'ouvrir, la réunion de deux conditions :

1° La qualité de commerçant chez le débiteur ;

2° La cessation commerciale de ses paiements.

En Allemagne, la condition de commerçant n'est pas exigée, nous le savons.

Dans l'une comme dans l'autre de ces législations, le failli perd ses droits électoraux, mais la loi allemande, contrairement à la nôtre, lui en rend l'exercice après clôture de la faillite.

La faillite le dessaisit de l'administration de ses biens. Le jugement est porté dans les deux pays à la connaissance des tiers d'une façon à peu près analogue, notamment par insertion dans les journaux. Mais en Allemagne, si la publication du jugement de concours établit à l'égard des tiers une présomption de connaissance de cet état, ceux-ci peuvent néanmoins exciper de leur ignorance et la prouver.

En France (art. 443, C. Com.) le jugement déclaratif emporte de plein droit le dessaisissement pour le failli de l'administration de ses biens *présents* et *futurs ;* c'est aussi le droit commun en Europe. Les actions, les voies d'exécution, ne peuvent plus être intentées que contre les syndics.

En Allemagne, le dessaisissement porte sur les *seuls biens présents*. La nature de cette faillite amène également à une autre conséquence : n'étant qu'une contrainte s'exerçant en bloc, elle ne peut avoir d'effet que sur les biens susceptibles d'expropriation forcée ; en France au contraire, la jurisprudence admet que les valeurs insaisissables font partie de la faillite ; celle-ci devient une sorte d'association formée par le débiteur et ses créanciers pour parvenir à une gestion et à une liquidation qui conviennent à tous.

Notre système l'emporte sur le système allemand : celui-ci en effet multiplie les frais en laissant en réserve les biens futurs, que le débiteur sera en droit d'affecter à de nouveaux créanciers. Une seconde faillite pourra donc être déclarée, distincte de la première : par suite, il y aura deux masses de créanciers se payant sur deux masses de biens différentes, quoique provenant du même individu.

Il nous semble que c'est aller contre l'équité que d'exclure de cette seconde faillite les anciens créanciers au profit des nouveaux.

§ 3. — *Période suspecte.* — L'état de faillite commence en France du jour du jugement déclaratif ; c'est aussi le point de départ de la période suspecte, sauf quelques particularités exprimées par l'article 446 du Code de commerce.

En Allemagne, le principe est que le juge ne peut faire remonter la faillite au delà de six mois, à l'exception de quelques actes pour lesquels le délai préfix est augmenté. La cessation de paiements ne peut être reportée plus de six mois en arrière.

En France, l'époque à laquelle a eu lieu la cessation de paiements est déterminée par le tribunal de commerce dans le jugement déclaratif de faillite ou dans un jugement ultérieur rendu sur le rapport du juge-commissaire. « A défaut de détermination spéciale, « la cessation de jugements sera réputée avoir eu lieu « à partir du jugement déclaratif de la faillite ». (art. 441, C. com.).

§ 4. — *Suite des effets du jugement déclaratif.* — La faillite est un avantage surtout pour les créanciers chirographaires, et les effets en ont été réglés principalement à leur intention.

Notre jugement déclaratif fait cesser les poursuites individuelles et réunit les créanciers en une masse ; ceux-ci ont un représentant qui agit pour eux, le syndic, nommé par le tribunal de commerce.

Les créances à terme contre le failli deviennent exigibles ; le cours des intérêts de toute créance non garantie par un privilège, une hypothèque ou un nantissement, se trouve arrêté à l'égard de la masse (art. 445, C. com.).

En Allemagne, la législation se rapproche de la nôtre : à partir du jugement de concours, le syndic se substitue au saisissant et vend les biens du failli pour le compte de la masse. Quant à ce qui touche la question de préférence de certains créanciers, elle est du ressort de la législation des Etats. En Prusse, par exemple, la loi sur la saisie immobilière du 13 juillet 1883 attribue au saisissant un droit de préférence.

Le terme est suspendu pour les créanciers dont la créance a une existence certaine ; quant aux créances conditionnelles, la Loi des Faillites est muette ; on s'arrête en pratique à un dividende calculé sur le même pied que pour les autres créances, et ce dividende est consigné jusqu'à l'arrivée de la condition.

Le cours des intérêts est interrompu, c'est justice, car ceux qui se seraient assuré le paiement de la créance auraient trop de tendances à faire prolonger la liquidation.

Parmi les causes de préférence qui peuvent compéter à un créancier, un détail est à noter relativement aux *privilèges généraux* du Code allemand : là, le droit de préférence ne prime que le droit des créanciers chirographaires et est au contraire primé par celui des créanciers privilégiés spéciaux et des créanciers hypothécaires. Nous n'avons dans notre législation aucune disposition se rapprochant de celle qui nous occupe.

Les sûretés immobilières sont publiques et enregistrées, en Allemagne, sur le livre foncier. Si la publication de son droit a précédé le jugement d'ouverture de la faillite, le créancier conserve à l'encontre de la masse tous les avantages du droit commun hypothécaire.

Le droit français est plus sévère ; l'article 448 du Code de commerce ne dit-il pas : « Les droits d'hypo-

« thèque et de privilège valablement acquis pourront
« être inscrits jusqu'au jour du jugement déclaratif de
« la faillite.

« Néanmoins les inscriptions prises après l'époque
« de la cessation des paiements ou dans les dix jours
« qui précèdent pourront être déclarées nulles, s'il
« s'est écoulé plus de quinze jours entre la date de
« l'acte constitutif de l'hypothèque ou du privilège et
« de celle de l'inscription...». On voit, par la rapide
nomenclature des effets de la faillite, l'utilité qu'il y a
à rendre publique la décision qui en prononce l'ouverture.

§ 4. — *De l'hypothèque légale de la femme mariée.*
Avant 1877, la femme ne possédait en Allemagne
qu'une garantie mobilière qui variait avec les législations : elle pouvait se faire colloquer de préférence
aux autres créanciers sur des valeurs du mari suffisantes
pour lui assurer l'intégrale restitution de sa dot ; dans
certains pays, elle jouissait d'un privilège général
qu'elle pouvait cumuler avec des sûretés conventionnelles. Ces garanties ont disparu de l'Allemagne
du Nord, mais les lois locales ne lui ont pas moins
conservé le pouvoir de grever les biens immeubles du
mari d'une hypothèque, générale ou spéciale, publique
ou occulte. Diverses ordonnances ont d'ailleurs converti
les hypothèques légales en garanties spéciales et
astreintes à la publicité. La loi du 10 février 1870

étend les prescriptions de la Loi des Faillites du 8 mai 1855 à presque toutes les parties du royaume de Prusse ; dans l'année où commence l'administration maritale, la femme, pour conserver son rang, doit faire inscrire sur les biens-fonds de son mari une hypothèque dont la valeur atteigne celle de ses apports. Le Code de 1877 ne touche pas aux libéralités entre époux ; une seule exception est à noter : le § 25, 2° frappe de nullité les dons faits par le failli à son conjoint dans les deux années qui ont précédé la faillite.

La législation de l'Allemagne l'emporte sur la nôtre où l'hypothèque de la femme est générale et reste occulte ; la femme mariée n'est atteinte dans son hypothèque légale, par la faillite, que si le mari était déjà commerçant lors de la célébration du mariage ou l'est devenu dans l'année.

§ 5. — *Périodes diverses qui suivent le jugement déclaratif de la faillite.* — Le laps de temps qui suit l'ouverture de la faillite se répartit en deux périodes ; cette division n'est pas spéciale à la France.

La première période est employée à prendre des précautions au sujet des deux inconnues qui sont en présence :

Les ressources,

Les dettes du failli.

Le syndic doit en effet procéder à la confection d'un inventaire.

Dans une seconde période, le but est de réaliser les valeurs ; le produit ainsi obtenu est réparti entre les membres de la masse.

Cette période peut ne pas se produire ; elle n'existe que si les créanciers n'ont pas préféré le concordat et n'ont pas remis le débiteur à la tête de l'administration de ses biens.

1re période. — La grande opération de cette période est la *vérification des créances*.

Des insertions dans les journaux et des lettres du greffier invitent à deux reprises les créanciers à produire leurs titres avec un bordereau indicatif des sommes par eux réclamées (art. 491) ; ceux-ci se réunissent, présidés par le juge, le syndic dépouille les réclamations ; les créanciers et le failli gardent d'ailleurs le droit de contredire à l'admission. S'il n'y a pas d'objection, le créancier est inscrit irrévocablement comme ayant droit à la répartition de l'actif.

Si des objections sont présentées, le tribunal civil ou le tribunal de commerce sont compétents sur le litige selon les cas.

2e période. — C'est la période d'exécution. En France, les créanciers peuvent opter entre deux partis :

1° *Le concordat*, où ils se réunissent en assemblée pour délibérer sur les propositions que leur fait le failli et passer avec lui des arrangements, s'il est possible.

Le concordat existe également en Allemagne avec

quelques différences de détail ; cette particularité notamment est à remarquer : si le concordat est anéanti, entre le traité qui l'a fait naître et la reprise de la procédure de la faillite se place une sorte de période suspecte quant aux actes du failli. (Chez nous, nous n'avons rien de semblable).

Cette seconde faillite, distincte de la première, qui reprend après le concordat, ne renaît pas de droit : il faut une nouvelle cause de concours.

2° *L'union* ; si le concordat n'a pas été demandé par le failli, ou s'il a été rejeté par les créanciers, la loi française déclare que ceux-ci sont en état d'*union*.

En Allemagne, l'union est l'issue normale de la faillite ; le concordat est simplement un moyen de conjurer cet état de choses.

Lors de la clôture de la liquidation, les administrateurs rendent compte de leur gestion, dans l'une comme dans l'autre des deux législations.

Les répartitions sont faites en France par le syndic sur la réquisition du juge-commissaire qui ordonnance le tableau et les bordereaux de répartition.

En Allemagne, l'administrateur fait les répartitions sans recevoir d'ordre du juge (1). Les créanciers sont avertis et le tableau des créances déposé au greffe est rendu public et porté à la connaissance de tous.

----

(1) Les répartitions sont en droit Allemand de trois sortes :
1° Répartition d'acomptes ou *Abschlag* ;
2° Répartition finale ou *Schluss* ;
3° Répartitions supplémentaires ou *Nachtrags-Vertheilungen*.

Observation. — Cette courte étude va nous permettre de faire quelques remarques utiles au sujet de la matière qui nous occupe.

L'art. 442 de notre Code de commerce règle la publicité à donner aux jugements déclaratifs de faillite : « Les jugements rendus en vertu des deux articles « précédents seront affichés et insérés par extrait dans « les journaux, tant du lieu où la faillite aura été « déclarée que dans tous les lieux où le failli aura des « établissements commerciaux, suivant le mode établi « par l'art. 42 du présent Code ».

En Allemagne, le jugement de concours est aussi porté à la connaissance du public par l'insertion dans un journal désigné pour les communications officielles du tribunal ; le *Journal officiel* de l'Empire reçoit également insertion du jugement d'ouverture de la faillite.

Même au cas où le jugement prescrit des significations individuelles, cette publicité peut les remplacer ; c'est peut-être prendre des mesures insuffisantes.

En tout cas, la publicité en matière de faillite est dans les deux législations bien primitive, et nous l'avons dit, imparfaite tant au point de vue de son étendue de rayonnement qu'au point de vue du petit nombre de personnes qui, dans le lieu même de la faillite, apprendront son existence ; ajoutons que les affiches et les insertions ne sont que momentanées et qu'au bout de peu de temps le souvenir s'en efface.

Mais la législation allemande possède sur nous une supériorité incontestable au regard du droit commercial ; cette supériorité provient de l'institution du *Registre de Commerce*, dont nous parlerons plus loin, registre public et dont on peut demander des extraits. On y inscrit notamment la *raison de commerce*, c'est-à-dire le nom sous lequel est connu et signe le commerçant ; en règle générale, les faits qui se rapportent à la raison de commerce ou *firma*, ne sont opposables aux tiers que s'ils ont été l'objet d'une inscription. C'est là un modèle à suivre, à perfectionner et à généraliser ; l'on parviendra ainsi à une publicité efficace et complète, le jour où le Registre de Commerce s'appliquera à tous les actes de la vie civile et ne sera pas restreint aux individus qui font métier de commerçants.

La proposition a déjà été faite de tenir en France un registre analogue : il pourrait certainement rendre de grands services aux créanciers qui retrouveraient aisément leurs débiteurs (1).

(1) Il est aussi des questions qui se rattachent à notre sujet, quoique moins directement.

Le jugement déclaratif de faillite ne produit pas les mêmes effets en France et en Allemagne, pour ce qui concerne les actes annulables ; l'état de faillite ne commence chez nous que du jour où a été rendu le jugement déclaratif ; la période suspecte a ce même moment pour point de départ, sauf pour les actes à titre gratuit, pour lesquels elle est avancée de dix jours.

En Allemagne, le juge peut faire remonter la faillite de six mois, et même d'un plus long temps pour certains actes : par exemple, nous l'avons dit, les actes gratuits que le failli a passés dans l'année précédant l'ouverture du concours, sont nuls et de nul effet.

On peut voir par cet aperçu combien il est important que les incapacités soient portées à la connaissance des tiers.

On peut voir aussi quels avantages procure la possession du Registre de commerce, employé en Allemagne, et combien il serait souhaitable, suivant une théorie, de le voir s'acclimater en France, et suivant une autre, de le généraliser, de l'appliquer à toutes personnes, qu'elles soient commerçantes ou non.

Diverses autres législations étrangères ont d'ailleurs réalisé ce progrès, comme le Mexique, le Danemark, la Norwège et la Suisse. Le droit français reste en arrière en cette matière, et l'on ne peut que le déplorer.

Il faut bien avouer que les tiers souffriront ici dans une large mesure, s'ils n'ont pas eu connaissance du jugement de concours.

Au contraire, l'ignorance de l'existence d'un jugement déclarant la faillite sera parfois plus préjudiciable en France qu'en Allemagne aux créanciers qui ont des garanties immobilières ; car, selon les termes du Code allemand, tous les avantages du droit commun hypothécaire demeurent dans leur intégrité au créancier qui a publié son droit avant le jugement d'ouverture.

En France, cela ne suffit pas ; il faut de plus, au cas où les inscriptions ont été prises dans les dix jours qui ont précédé le jugement, qu'il ne se soit pas écoulé plus de quinze jours entre l'acte constitutif et ladite inscription.

Il est également diverses distinctions de détail que nous avons faites en ce qui concerne les droits de la femme du failli.

CHAPITRE V

Plusieurs législations ont réalisé dans la matière que nous traitons des progrès considérables que nous n'avons pas suivis.

ALLEMAGNE

Si la loi Allemande a parfois manqué de prévoyance en n'ordonnant pas de publicité en matière d'incapacités résultant de l'âge, de la démence ou de la prodigalité ; si elle n'en a pas ordonné davantage pour la cessation de ces incapacités, elle a réalisé un grand progrès pour ce qui touche à la publicité accordée aux conventions matrimoniales ; il existe en Allemagne un *Registre matrimonial* tenu au tribunal de bailliage où le mari a son domicile, destiné à l'inscription des contrats de mariage ; le registre est public. *Art. 1563.* — Toute personne peut en prendre connaissance, ou peut demander expédition des inscriptions qui y sont portées ; ces expéditions peuvent être certifiées, si on le requiert.

Si le mari change de domicile, l'inscription est faite dans le ressort nouveau et l'inscription primitive revit d'elle-même si le mari reporte son domicile dans l'ancien ressort (art. 1559).

Art. 1560. — « L'inscription sur le registre ne peut « avoir lieu que sur requête et dans la mesure de « cette requête. Celle-ci doit être faite dans la forme « authentique (1) ».

C'est le tribunal de bailliage qui publie l'inscription et il opère par insertion dans la feuille destinée aux publications. « Lorsqu'on inscrit une modification du « régime, la publication se restreint à cette modifi- « cation, et si celle-ci est autre que le régime légal, « à une indication générale des dérogations à ce « régime ».

Le registre matrimonial ne constitue pas une insti- tution isolée ; c'est « une application du vaste système « de publicité créé par le Code Allemand. Il y a lieu « de le comparer aux registres fonciers et aux registres « de commerce, au certificat d'héritier, au registre des

______

(1) Il faut remarquer que, dans le cas où le mari ne reconnaît pas à sa femme le droit de prendre soin de ses propres affaires et de le représenter, et dans le cas aussi où il autorise la femme à exercer une industrie en son nom personnel, l'inscription a lieu à la requête du mari. « Dans les autres « cas où la requête des deux époux est nécessaire, chacun d'eux est vis- « à-vis de l'autre tenu de prêter son concours.

« La requête d'un seul des époux suffit ;

« 1° Pour l'inscription d'un contrat de mariage et d'une modification « des rapports des deux époux quant aux biens, modification reposant sur « une décision judiciaire, lorsqu'avec la requête on produit le contrat de « mariage ou la sentence munie d'un certificat de chose jugée.

« 2° Pour le renouvellement d'une inscription sur le registre d'un autre « district, lorsqu'avec la requête on produit un extrait authentique de la « première inscription, délivré après le changement de domicile » (art. 1561).

« associations. Tous les faits matrimoniaux relatifs
« aux biens doivent être connus des tiers pour leur
« être opposables ; de là, nécessité d'un registre tenu
« au tribunal du domicile du mari, car c'est là qu'on
« se dirige tout naturellement pour prendre ses rensei-
« gnements ; du reste, s'il y a changement de domicile,
« le transfert sur l'autre registre devra avoir lieu.
« Ce n'est pas tout ; l'inscription est suivie d'une
« insertion dans les journaux, de telle sorte que la
« publicité est complète. Enfin tout le monde peut
« prendre communication et demander copie du
« registre (1) ».

Nous avons dit plus haut quelques mots d'une institution qui fait le pendant de celle-ci ; nous voulons
parler du Registre de Commerce, registre public, dont
on peut obtenir des extraits et que l'on peut consulter
gratuitement, où les inscriptions sont faites sous la
surveillance du tribunal de commerce (2).

On y publie :

1° La raison de commerce ou *firma* : le commerçant
ou la société signe au-dessous de cette inscription du
nom, et l'on consigne dans le registre les faits qui se
rapportent à la raison de commerce.

2° La procuration donnée par un commerçant à un
mandataire en vue d'une gestion comportant l'usage

---

(1) C. civ. Allemand traduit et annoté par Raoul de la Grasserie, p. 331.

(2) Le tribunal de commerce veille également à ce que ces inscriptions
soient insérées *in-extenso,* une ou plusieurs fois dans les journaux qu'il
désigne.

de sa raison de commerce. Pour que l'inscription soit complète, il faut que la déclaration soit authentique ; cette déclaration est inscrite sur le registre, et la signature du mandataire est déposée au greffe, accompagnée de la raison sociale.

Doivent être également l'objet d'une inscription :

La révocation,

L'expiration de ce mandat.

Dans ce cas comme dans le précédent, les actes passés par le mandataire dont le mandat n'a pas été consigné sur le registre ne sont pas opposables aux tiers.

La sanction résultant de la nullité se double d'une amende.

3° Les sociétés de commerce, qui font connaître aux tiers les faits se rattachant à leur existence, que ces sociétés soient en nom collectif (1), en commandite, en commandite par actions ou anonymes.

L'article 2352 du Code civil allemand développe le principe d'une institution fort curieuse, celle du *certificat d'héritier;* c'est un certificat délivré après enquête par le tribunal de succession, et qui rend valables tous les actes accomplis par l'héritier depuis son obtention.

Art. 2352. — « Le tribunal de succession doit « délivrer à l'héritier sur sa demande un certificat de son

____

(1) L'inscription se fait tant au lieu du siège principal qu'à celui de chaque succursale.

« droit d'héritier, et s'il est appelé à recueillir une
« partie de la succesion, sur l'étendue de cette part ».

Le requérant doit fournir la preuve de son droit, et
si le certificat est contraire à la vérité, le tribunal doit
le retirer ; à partir de ce moment, il est nul.

Nous n'avons pas d'institutions semblables en
France (1) ; l'envoi en possession la remplace très
imparfaitement ; et si les administrations publiques
reconnaissent à l'intitulé de l'inventaire de la succession
une certaine force probante, cet intitulé est pourtant
dépourvu de toute valeur juridique, puisqu'il est uniquement l'œuvre des héritiers présents.

Est aussi soumise à la publicité, la révocation des
pouvoirs du mandataire par le mandant :

Art. 176. — « Le mandant doit faire déclarer nulle
« la procuration au moyen d'une notification publique ;
« cette déclaration doit être publiée en se conformant
« aux prescriptions du Code de Procédure civile rela-
« tives aux notifications publiques. A l'expiration d'un
« mois après les dernières insertions dans les feuilles
« officielles, la révocation a son plein effet ».

La compétence est celle du tribunal de bailliage du
domicile de juridiction du mandataire.

Par ces institutions, l'Allemagne a sur nous un
avantage marqué : elle a établi une publicité qui n'est

(1) Avec le certificat d'héritier, on ne saurait assister à des controverses
telles que celles qui furent soulevées chez nous sur la validité des actes de
l'héritier apparent (Cass., 26 janvier 1897).

pas seulement théorique, mais bien effective, à laquelle nous sommes loin d'atteindre.

AUTRICHE-HONGRIE

Des dispositions analogues se rencontrent dans ces deux pays ; mais en Hongrie il existe de plus, au Ministère du Commerce, un bulletin central où les commerçants doivent faire inscrire leur raison de commerce, à peine de perdre la jouissance des privilèges attachés à leur titre ; si l'inscription n'a pas été faite, une amende de cinq cents florins peut être prononcée, et si dans les quinze jours accordés par le tribunal pour faire leur soumission, ils n'ont pas rempli leur obligation, ils sont passibles de prison.

En ce qui touche l'état civil, l'acte de décès est mentionné en marge de l'acte de naissance (1) ; enfin dans tout acte de naissance est mentionné le lieu de naissance des père et mère de l'enfant déclaré (2).

ANGLETERRE

Tous les actes de l'état civil dressés sur le territoire entier de la Grande-Bretagne sont centralisés à Londres. Les lois sur cette matière datent du 17 août 1836 et du 7 août 1874. Un *Registrar Général* (3) a été

(1) Loi du 9 décembre 1894.
(2) Article 27, article 72.
(3) Le registrar répond à notre officier de l'état civil.

institué en 1836 pour recevoir, coordonner et publier le relevé de tous les actes de l'état civil du Royaume-Uni. Le pays est divisé en districts et subdivisé en sous-districts d'enregistrement des naissances, des mariages et des décès. Les registrars dressent les actes de l'état civil, ils les recopient sur des feuilles séparées et chaque trimestre les envoient à l'office du district ; celui-ci les expédie à son tour à l'office de l'Enregistrement général de Londres, à Sommerset-house. Là, les actes sont dépouillés et font l'objet d'un classement alphabétique ; enfin un index des actes dressés durant le trimestre est imprimé à huit exemplaires par les soins du registrar général pour la Grande-Bretagne, par les soins des consuls et agents consulaires à l'étranger ; si cet index est tiré à ce nombre d'exemplaires, c'est qu'on les expédie à diverses localités, prévoyant la possibilité d'une perte partielle ; il n'y a qu'une indication pour les actes de naissance ; pour les mariages, on insère à leur ordre alphabétique les noms des conjoints, complétés par des indications permettant de faire retrouver aisément la date et le lieu de l'événement.

Tout individu, moyennant rétribution, peut prendre communication de l'index.

Ce système est d'ailleurs combiné avec un esprit d'ordre et d'unité que l'on ne peut qu'admirer ; les actes de naissance ont dix colonnes, où sont mentionnés :

1° La date de la naissance ;

2° Le nom de famille ;

3° Le sexe ;

4° Le nom du père ;

5° Le nom de la mère ;

6° La profession du père ;

7° Sa signature et son adresse ;

8° Le jour de la déclaration ;

9° La signature du registrar ;

10° Les noms de baptême de l'enfant.

En Ecosse, on exige aussi l'âge des parents et le nombre des enfants nés antérieurement.

Cette institution d'une sorte de casier unique pour tout le Royaume-Uni a été combattue par nous à cause des difficultés d'application pratique ; ce n'en est pas moins une amélioration certaine.

ESPAGNE ET PORTUGAL

La publicité est admirablement réglée principalement en matière de tutelle ; dans le ressort de chaque tribunal, le greffier tient un registre de toutes les tutelles ouvertes dans la circonscription. Ce registre a plusieurs colonnes où sont indiqués :

L'âge,

Le domicile du mineur,

Sa fortune mobilière et immobilière,

Le nom,

La profession,

L'âge,

Le domicile du tuteur,

L'État de ceux de ses biens sur lesquels le conseil de famille a fait prendre hypothèque,

Les autres garanties qui ont été fournies,

La date d'ouverture de la tutelle,

La date de sa fin,

Celle de la reddition des comptes,

Et le chiffre du reliquat.

Des prescriptions analogues ont été édictées en matière de tutelles d'interdits.

D'ailleurs les registres en Espagne contiennent un assez grand nombre de mentions, parmi lesquelles l'autorisation donnée par le mari à sa femme de faire le commerce, la révocation de cette autorisation, les actes qui contiennent des constitutions de dot, les contrats de mariage et les titres de propriété des paraphernaux des femmes de commerçants.

On a ainsi l'inscription de tous les actes qui se rapportent au patrimoine général du commerçant, et non pas seulement à son fonds de commerce.

C'est presque la réalisation du Casier civil.

SUÈDE

On tient en Suède des Registres de la population où sont inscrits les noms de tous les habitants avec les faits qui concernent leur état civil ; ce serait une institution parfaite si ces registres étaient régulièrement tenus ; mais il n'en est pas ainsi ; les lacunes pullulent et par suite les renseignements que l'on peut avoir sont fort incomplets.

ITALIE

Les art. 343 et 349 du Code civil Italien posent le principe d'un registre des tutelles et des curatelles ; on y trouve les renseignements relatifs au pupille, aux noms du tuteur et des membres du conseil de famille, au titre qui confère la tutelle, à son ouverture, à l'émancipation, etc. ; mais la législation présente une lacune quant aux destitutions et aux démissions ; les états annuels de l'administration du tuteur sont également inscrits au registre.

Il y a un inconvénient : c'est que la publicité de ce registre est restreinte aux personnes de la famille.

SUISSE

Comme en Allemagne, comme dans divers autres pays, le Registre de Commerce est d'usage en Suisse (1).

(1) Un congrès des juristes suisses s'est réuni à Zermatt, en 1897, et a discuté la question de savoir s'il fallait réformer le Code fédéral des Obligations en ce qui concerne *les raisons de commerce*, notamment quant à leur enregistrement. Le rapporteur, M. le docteur Burckhardt, voulut ne plus admettre à la formalité de l'enregistrement que les raisons de commerce seules et les adjonctions permises par le Code ; quant aux autres

De plus une loi du canton de Genève du 5 avril
1876 ordonne à l'officier qui a reçu un acte de naissance, de mariage ou de décès concernant un individu
dont le domicile ou l'origine dépendent d'une autre
circonscription, de le communiquer d'office, dans les
huit jours, à l'officier du lieu du domicile et à celui
du lieu d'origine ; ceux-ci doivent mentionner ces
actes dans les subdivisions des registres de naissance,
de mariage ou de décès de leur circonscription ; les
officiers de l'état civil doivent également inscrire les
divorces et les déclarations de nullité de mariage
prononcées par les tribunaux concernant des individus
qui habitent dans leur arrondissement ou qui en ressor-
tissent.

L'avant-projet du Code civil fédéral Suisse a de plus
émis quelques principes qui tendent à la centralisation
et à la publicité des actes concernant l'état civil ; tout
d'abord les modifications survenues dans la capacité
par suite de reconnaissance ou de légitimation d'un
enfant naturel devront être mentionnées en marge de

---

dénominations ajoutées aux raisons, ce n'étaient, disait-il, que des
enseignes ou des réclames pour les produits de la maison, et il fallait les
supprimer.

M. Jeanneret lui répondit que, du moins en ce qui concernait les
succursales de maisons étrangères établies en Suisse, il fallait leur
permettre, comme par le passé, de garder la raison commerciale entière
de la maison mère, cette pratique semblant imposée par les traités inter-
nationaux.

Le congrès n'a pas vu de raisons suffisantes pour réformer le Code
fédéral des Obligations en cette matière, et la discussion n'a pas été plus
loin.

l'inscription sur les registres, et ce, à la requête des parties intéressées, ou sinon d'office.

Enfin l'avant-projet a admis une nouvelle institution, celle des *Registres des régimes matrimoniaux.* Toutes les conventions matrimoniales et toutes les décisions judiciaires y relatives seront inscrites sur ces registres à la requête de l'un des époux ; la sanction de l'omission de cette formalité sera l'inopposabilité aux tiers des clauses dont la mention n'aura pas été faite. Si le mari change d'arrondissement, l'inscription faite sur le registre du tribunal de son domicile doit être renouvelée sur le nouveau registre. Si dans les six mois du changement de domicile, le renouvellement n'est pas opéré, l'inscription devient nulle, et les conventions matrimoniales ne peuvent plus être opposées aux tiers.

BELGIQUE

En Belgique, on est resté à l'ancien système français : « Dans tous les cas où la mention d'un acte « relatif à l'état civil devra avoir lieu en marge d'un « acte déjà inscrit, elle sera faite à la requête des par- « ties intéressées... » (Art. 49, C. c.).

Notre nouvelle législation ordonne heureusement que toutes les mentions marginales se feront désormais d'office.

Les mesures de publicité du Code belge sont fort peu importantes et efficaces : depuis la loi hypothécaire du 15 décembre 1851, la date des conventions matrimoniales et l'indication du notaire qui les a reçues doivent figurer dans l'acte de mariage, à peine de n'être pas opposables aux tiers qui ignoreraient ces détails (Art. II additionnel).

La même loi oblige, au cas de décès, l'officier qui l'aura inscrit sur son registre à en donner connaissance au juge de paix du canton où se trouve le domicile du défunt.

La décision qui prononce l'adoption (V. art. 353 et suiv.), doit être affichée comme le tribunal le jugera convenable, et inscrite dans les trois mois sur réquisition de l'une des parties, sur le registre du domicile de l'adoptant.

L'interdiction, la nomination d'un conseil judiciaire ne donnent pas lieu à des mesures de publicité spéciale, non plus que le divorce, ni la séparation de corps.

Seule la reconnaissance d'enfant naturel (Art. 62) est mentionnée en marge de l'acte de naissance.

On le voit, la législation a encore de grands progrès à accomplir au point de vue spécial de la publicité et de la centralisation des actes.

La Commission de révision du Code civil belge a d'ailleurs admis le principe d'un Casier civil.

CHAPITRE VI

Nous avons examiné les principaux systèmes qui ont été proposés pour arriver à une publicité à la fois efficace et pratique.

Nous nous posons une première question :

§ 1. — Faut-il réunir la publicité réelle à la publicité personnelle, ou du moins faut-il suivre pour l'une comme pour l'autre des règles identiques ? Autrement dit, les incapacités de disposer provenant de la minorité, de l'interdiction, de la nomination d'un conseil judiciaire, les incapacités des femmes mariées et en particulier des femmes dotales, doivent-elles être mentionnées, par exemple, dans un Livre Foncier, sous peine de n'être pas opposables aux tiers de bonne foi ?

Cette idée ne serait soutenable que si le conservateur dudit livre foncier était investi d'un droit de contrôle sur la capacité des requérants, la véracité de leurs déclarations et la valeur des pièces qu'ils produisent.

A supposer même ce point acquis, le danger de traiter avec un incapable n'existe-t-il que pour les contrats ayant pour objet des immeubles, et tout péril disparaît-il quand la convention porte sur des biens mobiliers ?

Il ne suffirait pas d'ailleurs d'ordonner une inscription ; il faudrait encore qu'elle fût requise par quelqu'un.

Par qui ?

Pour la femme mariée, le mari est tout indiqué, comme le tuteur quant au mineur et à l'interdit. Mais pour l'interné non interdit ? Mais pour la femme séparée ? Ce ne sera pas le mari, puisqu'il n'a pas l'administration des biens de sa femme ; le soin en sera donc remis à celle-ci. Mais s'en acquittera-t-elle ? Elle sera donc considérée comme femme mariée dans l'arrondissement de son domicile ; quant aux autres arrondissements, sa capacité ou son incapacité de fait dépendront de sa propre volonté.

Enfin les avantages de la publicité ne compèteront pas également à toutes personnes, mais n'existeront qu'au regard de celles qui seront titulaires de droits immobiliers.

Ce système nous semble impraticable, nous le rejetons résolument.

§ 2. — Occupons-nous uniquement des actes concernant la capacité personnelle des individus et cherchons quel fonctionnaire pourrait être chargé d'assurer la centralisation si nécessaire à l'intérêt de tous.

Nous l'avons dit, nos préférences vont au greffier du tribunal civil ; cette attribution nouvelle lui imposera sans doute une somme plus grande de travail et un supplément de frais, mais il trouvera une compensation dans les rémunérations proportionnelles qu'il sera en droit de percevoir.

Nous repoussons l'officier de l'état civil pour plusieurs raisons que nous avons indiquées : la dissémination des centres de renseignements, les difficultés d'établissement du service et son impraticabilité dans les communes rurales.

On objecte qu'il peut se présenter des mentions à faire relatives à des personnes âgées de moins d'une année : or le greffier n'a pas entre les mains le registre qui les concerne. Le cas ne se présentera pas souvent et la solution du problème est aisée quand l'enfant est mort dans la commune où il a vu le jour, ou dans une commune connue : il suffira dans le premier cas, que l'officier d'état civil fasse une mention sur ses propres registres, et dans le second cas qu'il expédie un extrait de l'acte de décès à l'officier du lieu d'origine. On ne leur laissera ainsi la charge d'envoyer expédition ou extrait que des actes par eux-mêmes dressés. Quant au cas, rare il faut le reconnaître, où l'on ne connaîtrait pas l'âge du décédé, l'envoi sera fait, non plus à l'officier de l'état civil, mais au greffier du tribunal dans l'arrondissement duquel se trouve le lieu de naissance : il cherchera dans les registres qu'il a à sa disposition la date de naissance ; s'il ne la découvre pas, c'est que l'enfant sera né dans l'année même de sa mort ; le greffier expédiera alors à son tour l'extrait à l'officier de l'état civil du lieu d'origine, et celui-ci opérera la mention.

Quel greffier devra-t-on choisir ? Nous répondrons avec la plupart des auteurs : celui de l'arrondissement du lieu de naissance : le domicile est en effet un rapport entre un individu et un lieu variable, le lieu d'origine est immuable ; en quelque endroit qu'il se trouve, en quelques conjonctures qu'il soit entraîné, il est une chose que cet individu ne saurait empêcher : c'est qu'il est né dans telle ville ou dans tel village ; et il ne saurait s'étonner si, lors d'une affaire qu'il veut mener à bonne fin, on lui demande d'où il est originaire.

Ce sera donc le greffier du tribunal dans l'arrondissement duquel se trouvera le lieu de naissance qui opèrera les mentions relatives aux individus nés dans cette circonscription.

Nous sommes si partisan de la concentration des mentions en tenant uniquement compte du lieu d'origine, que nous repoussons les systèmes qui répartissent ces mentions entre les registres de naissance et les registres de mariage. Lorsqu'on veut avoir sur un individu des données certaines et complètes, il est plus pratique et plus expéditif de s'adresser en un lieu unique où seront groupés les faits à connaître ; que de complications et que de longueurs, s'il faut s'adresser à plusieurs dépositaires !

Ce n'est pas à dire que nous soyons ennemi de certaines mentions en marge de l'acte de mariage, comme celle de la séparation de corps et de celle de la réconciliation ; mais s'ensuit-il que cette mention ne doive pas se trouver en marge de l'acte de naissance ? Evidemment non ; on nous reprochera peut-être de compliquer les écritures, sans grande utilité, puisque l'on n'a qu'à se reporter à l'acte de mariage. Nous répondrons que l'avantage de trouver d'un seul coup tout ce que l'on désire sans avoir à s'adresser ailleurs, compense largement l'inconvénient de cette double formalité qui, du reste, occasionnera peu de surcharge, à cause du petit nombre des mentions de cette nature.

§ 3. — Abordons maintenant la partie principale de notre sujet et demandons-nous d'abord par quel moyen pratique la centralisation pourra être opérée, et ensuite quels actes devront faire l'objet de cette centralisation.

Sur la première question, nous avons vu qu'il existait trois systèmes principaux :

Celui de la *Transcription* intégrale de tous les actes ; nous avons repoussé ce projet à cause de l'extrême complication qu'il engendrerait, des écritures sans nombre qu'il occasionnerait, et de l'impossibilité de mentionner sans confusion les actes entiers en marge de l'acte de naissance ; de plus, délivrer des extraits des expéditions reçues, avons-nous ajouté, n'est-ce pas

délivrer des copies de copies qui, aux termes de
l'art. 1335, alinéa 4 du Code civil, risqueraient de
n'avoir la valeur que de simples renseignements ?

Si ce premier système procure aux intéressés le
moyen d'obtenir des expéditions complètes, le second
système, celui du *Casier civil*, fournit uniquement des
renseignements. Nous nous sommes demandé si ce
système était pratiquement réalisable, car s'il fonctionne
avec succès sous le nom de Casier judiciaire, en ce
qui concerne les condamnations prononcées par les
tribunaux criminels, c'est autant à cause du nombre
restreint des mentions à insérer dans les bulletins,
qu'à cause de la petite quantité de personnes qui en
sont l'objet. Nous avons émis d'autre part des craintes
au sujet de la facilité avec laquelle les feuilles mobiles
qui composent ce casier peuvent s'égarer, soit par un
hasard malencontreux, soit par l'effet de manœuvres
coupables, pour effacer la preuve d'une déchéance
encourue.

C'est au système du *Tableau complémentaire* que
nous nous rallions ; l'acte de naissance servira de base
à notre projet.

Il y a plusieurs manières d'établir le tableau complémentaire :

On peut le faire en marge de l'acte de naissance sur
une fiche rectangulaire ou carrée qu'on incorporerait
au registre en l'y réunissant par un collage. C'est la
forme que nous serions d'avis d'adopter pour les

registres actuellement existants, dans le but de ne pas déranger l'économie des services qu'ils nécessitent et des mentions qu'ils reçoivent.

Un second procédé, préférable au premier, consisterait à changer le mode actuel d'inscription des actes. A chaque acte de naissance seraient consacrés les deux côtés d'une même feuille. Sur le recto on dresserait l'acte même ; sur le verso seraient placées les mentions relatives à l'état et à la capacité des personnes. C'est, nous en convenons, un changement radical, mais qu'il ne serait pas malaisé de réaliser pour les registres à venir. Il est bien entendu qu'il n'y aurait lieu d'établir ainsi que le registre sur lequel devraient être portées les mentions, celui qui est destiné au greffier. L'autre double devant rester à la commune, continuerait à être dressé dans la forme actuelle.

On peut faire à ce second système une objection grave, celle d'entraîner des frais considérables de timbre : on n'inscrirait qu'un acte sur la feuille où actuellement on en porte à peu près deux.

Il nous semble qu'on pourrait obvier à cet inconvénient par un troisième moyen que nous proposons, celui d'établir entre les feuilles timbrées du registre des feuilles intercalaires de papier libre qui, étant cotées et paraphées comme le registre lui-même, auraient la même authenticité. Sur ces feuilles seraient facilement établis les tableaux complémentaires en face de l'acte de naissance. Ce système aurait à nos yeux le triple avantage d'être pratique, moins dispendieux et plus complet.

§ 4. — Le point le plus délicat est peut-être de savoir quelles mentions doivent être faites sur le tableau complémentaire de l'acte de naissance.

La réponse dépend du parti que l'on prend sur la limitation de la publicité ; quelques auteurs soutiennent que la vie privée ne doit pas être livrée au grand jour : dès lors, tout en admettant le principe de la publicité, ils restreignent singulièrement le nombre des actes à mentionner ; on leur a répondu et avec raison, nous semble-t-il, que si l'on se décide pour la publicité, il faut l'appliquer dans toute son étendue, car une publicité restreinte, c'est la non-publicité pour ceux qui n'en peuvent profiter, et c'est une source d'injustices.

D'ailleurs on remarquera que ce ne sont pas les faits dans leur entité privée que l'on propose de porter à la connaissance des tiers, mais les actes qui constatent ces faits, actes publics par eux-mêmes, comme un jugement prononçant un divorce ou l'ouverture d'une faillite.

Avant de déterminer les actes divers qu'il conviendrait de mentionner, émettons un double vœu, dont nous ne sommes pas d'ailleurs l'auteur, et qui nous semble se rapporter au but que nous poursuivons :

D'abord que dans tout acte soit porté le lieu de naissance des individus qui y sont visés ; ce serait un point de repère important, puisque le lieu de naissance est la base sur laquelle repose notre système de centralisation ;

Et secondement que dans tout acte de naissance on indiquât, avec les noms et lieux de naissance des père et mère, leur nationalité. Il est inutile d'insister sur l'intérêt de ce renseignement.

Quelles sont donc, d'une façon précise, les mentions à opérer dans le tableau complémentaire de l'acte de naissance ?

D'abord les noms des père et mère ;

Leur lieu de naissance ;

Leur nationalité ;

Puis les jugements rectificatifs de l'acte lui-même, portant sur les erreurs dans les noms, sur les questions de filiation, les désaveux, par exemple (1) ;

Les décrets de naturalisation ;

Les actes de reconnaissance (2) ;

De légitimation ;

D'adoption.

Seraient aussi mentionnés :

(1) M. Cocat, qui a proposé ces mentions, nous semble être absolument dans le vrai, car ces jugements exercent sur la personne une influence trop directe pour être négligée.

(2) Nous avons dit plus haut que la reconnaissance devait être signalée, même si elle avait été passée devant notaire ; sauf, dans ce cas, à ne pas nommer celui de qui elle émane, puisqu'il semble prendre soin de cacher son individualité.

Le mariage et les faits qui s'y rapportent, c'est-à-dire :

1° Le divorce ;

2° La séparation de corps ;

3° La demande en séparation de biens ;

4° La séparation de biens ;

5° La réconciliation — évènements qui, nous l'avons dit, pourront également faire l'objet d'une indication dans l'acte de mariage, ainsi que :

6° Le jugement ou l'arrêt de conversion de la séparation de corps en divorce ;

7° Le décès du conjoint.

Mentionner le contrat serait, à notre avis, une publicité excessive, car il est des choses qui concernent les seuls époux et que nul n'a droit de connaître. Cependant le contrat de mariage des commerçants est affiché par extrait dans l'auditoire du tribunal de commerce, mais ce n'est pas une mesure à généraliser. Il suffira de publier le régime adopté avec les modifications conventionnelles y apportées. Ainsi, nulle indiscrétion ne sera commise, et les tiers seront pourtant renseignés d'une façon efficace.

M. Cocat voudrait qu'on indiquât « les actes de « naissance des enfants légitimes, les actes de nais-« sance des enfants naturels, la légitimation et les « arrêts d'adoption ». Nous ne partageons pas son avis : la capacité d'une personne ne dépend pas de la question de savoir si elle a des enfants ; c'est là un fait que les tiers n'ont pas intérêt à connaître.

Mais on devrait faire mention de l'émancipation accordée et du retrait de cette émancipation,

Du prononcé de l'interdiction et de sa main-levée,

De la nomination d'un conseil judiciaire et de la décision qui en aura ordonné le retrait,

Des tutelles, protutelles et cotutelles dont l'intéressé aura été chargé,

Des tutelles officieuses et des curatelles auxquelles il aura été appelé,

Des déchéances de la puissance paternelle qui l'auront atteint et des réintégrations qui seront survenues,

Des déclarations d'absence prononcées à son sujet,

Des obtentions d'emplois publics emportant l'hypothèque légale ;

Enfin dans le cas échéant, la qualité de commerçant devra être énoncée, avec tous les évènements qui se rapportent à cet état : les déchéances et les incapacités spéciales, les faillites, les liquidations judiciaires, et aussi par contre, les réhabilitations obtenues.

Nous n'avons garde d'oublier pour clore cette énumération, la mention du décès.

Quant aux condamnations pénales et aux réhabilitations qui peuvent les suivre, nous sommes d'avis de ne pas les porter, car ce serait faire double emploi avec le casier judiciaire.

On nous objectera que ces mentions sont trop nombreuses : nous allons tâcher de les justifier individuellement, bien qu'en fait, le registre ne soit pas si chargé que cette longue énumération pourrait le faire supposer.

Nous nous sommes expliqué en ce qui concerne le lieu de naissance et la nationalité du père et de la mère.

Les autres mentions ne sont pas moins nécessaires :

Les jugements de rectification relatifs à l'acte de naissance ont une influence directe sur cet acte ; ils prescrivent d'ailleurs le plus souvent eux-mêmes la mention marginale.

Le décret de naturalisation est, on ne le niera pas, d'une importance capitale dans les relations commerciales, où il est au premier chef utile de connaître si la personne avec laquelle on traite est Française ou étrangère.

Nous citons sans y insister la reconnaissance, la légitimation et l'adoption : la mention en est nécessaire.

De même pour les actes qui se rapportent plus ou moins directement au mariage, le divorce qui modifie considérablement la capacité des deux époux — du mari, parce que son patrimoine n'est plus grevé d'hypothèque légale ; de la femme, parce qu'elle est maîtresse de ses actes et n'a plus besoin de l'autorisation maritale — la séparation de corps qui, elle aussi, influe sur l'état des époux, puisque la femme reprend sa pleine capacité et que le mari n'a plus l'administration de ses biens. Quant à la séparation de biens, il importe de publier non seulement la sentence qui la prononce, mais aussi la demande, car son effet rétro-actif se produit même à l'encontre des tiers. Comme la séparation, la réconciliation doit être portée à la connaissance des tiers, puisqu'elle efface l'effet de cette séparation.

Pour l'émancipation, les tiers ont intérêt à la savoir, puisque grâce à elle ils peuvent traiter avec le mineur; ils n'ont pas moins intérêt à en connaître le retrait, mais un intérêt opposé, car désormais ils devront observer une grande prudence pour ne pas se laisser surprendre.

Est-il besoin de dire l'avantage qu'auront les contractants de savoir si celui en face de qui ils se trouvent est ou non tuteur, tuteur officieux ou cura-teur ? L'hypothèque occulte dont les biens de celui-ci seront grevés portera à son crédit une assez grande atteinte, pour que chacun tienne à s'assurer de son existence.

Dans un autre ordre d'idée, n'est-il pas bon de savoir si une personne est ou non interdite, puisque, au cas affirmatif, elle ne pourra faire aucun acte par elle-même et que son tuteur ne pourra même les faire tous ?

Quant à la dation d'un conseil judiciaire, ne produit-elle pas, sinon une supression, du moins une dimi-nution de capacité, à raison de laquelle on ne saurait montrer trop de circonspection ?

La déchéance de la puissance paternelle a son inté-rêt certain, le père qui en est frappé ne peut pas consentir au mariage de ses enfants, ni les émanciper, (art. 477), de même qu'il « est incapable d'être tuteur, « subrogé-tuteur, curateur ou membre d'un conseil de famille ». (Art. 8, loi du 24 juillet 1889) — Or, la publicité du jugement qui déclare cette déchéance consiste purement et simplement dans le prononcé en public de cette décision. C'est manifestement insuffisant.

En sens inverse, l'interdit, le pourvu d'un conseil judiciaire et le parent déchu de la puissance paternelle auront tout intérêt à faire parvenir à la connaissance de tous la décision qui leur aura rendu le plein exercice de leur capacité.

Les déclarations d'absence, sans être d'une aussi importante utilité, pourront faire néanmoins connaître à l'absent les mesures que l'ignorance de sa résidence a fait prendre. C'est là, croyons-nous, un titre suffisant à la mention que nous souhaitons de voir opérer.

Pour les emplois publics qui emportent hypothèque légale, l'intérêt est le même qu'en ce qui concerne le tuteur : la diminution du crédit.

Enfin, en ce qui touche les commerçants, de nombreuses exceptions au droit commun justifient les inscriptions prises à leur sujet : ils deviennent justiciables des tribunaux de commerce pour les actes de leur profession ; l'art. 12 du Code de commerce accorde à leurs livres une force probante particulière ; les commerçants doivent payer patente, publier par extrait leur contrat de mariage avec les modifications qu'y apporteront un divorce, une séparation de corps ou une séparation de biens ; ils peuvent être en état de faillite ou de liquidation judiciaire, etc.

Les tiers ont donc intérêt à ne pas ignorer cette qualité de commerçant, qu'ils connaissent bien imparfaitement avec la législation actuelle. Pourquoi ne pas forcer les commerçants à déclarer au greffe de l'arrondissement dans lequel se trouve leur lieu de naissance, leurs noms, prénoms, domicile et qualité ? Cette déclaration serait faite dans un certain délai sous peine de moyens de coercition à déterminer d'une façon précise.

Les faillites et liquidations judiciaires feraient également l'objet d'une mention : la faillite car, si elle ne fait pas perdre au commerçant la capacité civile, elle lui enlève du moins la disposition et l'administration de ses biens qui passent à un syndic, si bien que les actes du failli sont inopposables à la masse. Ajoutons qu'une hypothèque frappe ses biens présents et à venir au profit des créanciers ; que la période dite suspecte produit des effets spéciaux quant aux actes passés pendant sa durée ; que les hypothèques qui n'ont pas encore été inscrites ne sauraient plus l'être ; enfin que le failli perdant ses droits politiques, ne peut plus exercer de fonctions publiques, escompter des billets à la Banque de France, etc.

Quant à la liquidation judiciaire, créée le 4 mars 1889 pour le commerçant de bonne foi qui ne peut plus faire face à ses affaires, et où celui-ci sur sa demande est laissé à la tête de ses biens avec l'assistance d'un liquidateur, les créanciers du débiteur de bonne foi ont tout intérêt à se renseigner à son égard.

Nous terminons notre nomenclature par l'acte de décès qui, dans notre législation actuelle, reste absolument isolé, tandis qu'il doit se relier logiquement avec les principaux actes de la vie de celui dont il constate la mort (1).

Voilà donc suffisamment justifiées les mentions que nous avons proposées.

Terminons en disant que notre système serait utilement complété par l'établissement de tables décennales générales des naissances dressées au greffe de chaque arrondissement, et que nous voudrions voir ouvrir

(1) Le fonctionnaire qui aurait reçu l'acte serait tenu de faire parvenir au greffier les renseignements nécessaires pour établir la mention, c'est-à-dire :

Pour les jugements de rectification, les interdictions, les nominations de conseils judiciaires, les divorces, les séparations de corps, les séparations de biens, les adoptions, les déchéances de la puissance paternelle, les déclarations d'absence, ce seraient les greffiers des tribunaux ou des cours ayant prononcé en dernier ressort ;

Pour les faillites et les liquidations judiciaires, ce seraient les greffiers des tribunaux de commerce ;

Pour les émancipations et les retraits d'émancipation, ce seraient les greffiers des justices de paix ; ils seraient également chargés de l'expédition, au cas d'acceptation d'une tutelle, excepté au cas de tutelle testamentaire, où le notaire détenteur du testament serait chargé des envois ;

Pour les décrets portant naturalisation, ce seraient les intéressés ; il en serait de même pour les obtentions d'emplois publics comportant hypothèque légale, mais on pourrait forcer ces individus à remplir leur devoir par des moyens de coercition suffisamment sévères ;

Quant aux actes de l'état civil, les officiers qui les auraient reçus seraient responsables de l'envoi des extraits.

pour les étrangers un casier central avec registre et répertoire, au Ministère des Affaires étrangères ; ce casier servirait à transmettre dans leur pays, par la voie des ambassades et des consulats, les bulletins relatifs aux actes de l'état civil que ces étrangers auraient passés en France.

Au Ministère de la Justice existerait un casier conçu dans les mêmes idées, pour recevoir les actes encore sans destination spéciale, concernant des Français.

Tel est le système de centralisation et de publicité que nous voudrions voir établir.

Il n'est pas bien compliqué, car on n'aura jamais à mentionner pour la même personne que quelques-uns des actes dont nous avons supposé l'existence ; mais il aura l'avantage évident et précieux à nos yeux de concentrer des renseignements utiles, jusqu'ici disséminés, obtenus avec peine et à grands frais, et d'écarter des chances de destruction ou de soustraction préjudiciables à l'intérêt public.

Le Président de la thèse,

Cн. MASSIGLI.

Vu :

Le Doyen :

GLASSON.

Vu et permis d'imprimer :

Le Vice-Recteur de l'Académie de Paris,

GRÉARD.

TABLE DES MATIÈRES

Saint-Brieuc. — Typ. Fr. Guyon, rue de la Préfecture, 18. — (2416-11-1900)